VITA SACKVILLE-WEST
HAROLD NICOLSON

In der Ferne so nah

Briefwechsel einer ungewöhnlichen Liebe

Herausgegeben und kommentiert
von Barbara von Becker

| Hoffmann und Campe |

2. Auflage 2012

www.hoca.de
Einbandgestaltung: Katja Maasböl, Hamburg
Satz: Pinkuin Satz und Datentechnik, Berlin
Gesetzt aus der Sabon
Druck und Bindung: GGP Media GmbH, Pößneck
Printed in Germany
ISBN 978-3-455-50243-5

HOFFMANN
UND CAMPE

Ein Unternehmen der
GANSKE VERLAGSGRUPPE

»Wenn ich Dich heirate, hat alles
durch und durch ein Erfolg zu werden.«
Vita an Harold

»Natürlich ist es dieses verdammte
Künstlertemperament, das uns beide
in dieses Durcheinander gestürzt hat.
Diese tief verwurzelte Gewohnheit,
immer beide Seiten zu sehen.«
Harold an Vita

EINLEITUNG

Vita Sackville-West und Harold Nicolson führten eine der außergewöhnlichsten Ehen des 20. Jahrhunderts. Sie war, wie ihr jüngerer Sohn Nigel es einmal formulierte, »für die lesbische Liebe geboren«, und ebenso hatte Harold Nicolson seine diversen männlichen Gefährten. Eine Ehe unter diesen Vorzeichen könnte man als Arrangement lediglich zur Wahrung gesellschaftlicher Konventionen verstehen. Doch waren Vita und Harold am Anfang ihrer Beziehung heftig ineinander verliebt. Sie bekamen zwei Söhne und führten die ersten fünf Jahre eine durchaus traditionelle Ehe. Auch wenn später besonders Vitas Liebesleben in oft abenteuerliche Turbulenzen geriet, verband beide lebenslang eine einzigartige, tiefe Zuneigung, eine besondere symbiotische Nähe, die keine noch so heftige Affäre zu zerstören vermochte.

Vita Sackville-West entstammt dem englischen Hochadel. Ihr ganzes Leben empfindet sie es als dramatisches Unglück, dass sie als Frau nach britischem Familienrecht den vierhundert Jahre alten Stammsitz der Sackvilles nicht erben konnte, ihr geliebtes Schloss Knole in der Grafschaft Kent, wo sie 1892 zur Welt kam. Schloss Knole verfügt über 365 Räume – einen für jeden Tag des Jahres – und eine Gemäldegalerie mit Werken von

Holbein bis Reynolds. Vita ist dort von Kindheit an einen verschwenderischen und herrschaftlichen Lebensstil gewöhnt, den ihr besonders ihre schöne, kapriziöse und egozentrische Mutter, Lady Victoria, vorgibt. Vitas erotische Affinität zum eigenen Geschlecht wird früh deutlich, auch wenn sie selbst sich über ihre sexuelle Veranlagung lange nicht im Klaren ist. Zwei Jahre vor ihrem Tod schreibt sie Harold, er hätte sie nach ihrer Hochzeit aufklären sollen, dass es Homosexualität bei Männern *und* Frauen gibt, ihr sagen, wie es um ihn stand. »Du hättest mich warnen sollen, dass das Gleiche wahrscheinlich auch mir passieren wird. Es hätte uns viel Kummer und viele Missverständnisse erspart. Aber ich wusste einfach nicht Bescheid.«

Von ungestüm romantischem Temperament und intellektuell frühreif, beginnt sie mit zwölf Jahren zu schreiben, ein Bedürfnis, dem sie zeitlebens mit nicht nachlassender Besessenheit nachgeht. Einige ihrer Bücher werden Bestseller, wie zum Beispiel der Roman *The Edwardians* – auf Deutsch *Schloss Chevron*. Ihr Werk umfasst zwölf Romane, fünf Biographien und mehrere Bände mit Erzählungen, Reisebeschreibungen, Gartenratgebern und Gedichten.

Ihr Ruhm als Schriftstellerin wird heute aber eher von dem der Landschaftsgärtnerin überstrahlt. 1930 erwirbt Vita den halbverfallenen Landsitz Sissinghurst in der Grafschaft Kent. Sie restauriert ihn und legt zusammen mit ihrem Mann Harold einen idealen Garten an: eine stilbildende, ebenso klug wie künstlerisch geordnete und präsentierte Sammlung der Flora unterschiedlichster Herkunft, eine grandiose Enzyklopädie der Pflanzenwelt in ihrer vielfältigsten Schönheit. Bis heute, ein halbes Jahrhundert nach ihrem Tod, zieht Sissinghurst jedes Jahr Tausende Besucher aus aller Welt an und gilt als ein Meisterwerk englischer Gartenkunst.

Harold ist, als sich die beiden kennenlernen, ein aufstrebender, hochtalentierter mittelloser junger Diplomat. Schon sein Vater, Sir Arthur Nicolson, war Diplomat und Unterstaatssekretär im Auswärtigen Amt gewesen. Mit seiner offensiven Liebenswürdigkeit, seinem ironischen Humor und ausgleichenden Temperament wirkt Harold überaus gewinnend. Virginia Woolf beschrieb ihn als einen »ungekünstelten, kindlichen Mann mit geringen Fähigkeiten zur Langeweile«. Seine Karriere im Foreign Office führt ihn nach Konstantinopel, Teheran und Berlin. Vita zuliebe gibt er den diplomatischen Dienst jedoch auf. Er arbeitet als Journalist und wird Abgeordneter im Unterhaus. Zu Beginn des Zweiten Weltkriegs bekleidet er den Posten eines Staatssekretärs im Informationsministerium. Sein Leben lang bleibt er ein leidenschaftlicher *homo politicus*.

Zudem ist Harold Nicolson ein mindestens ebenso begabter Schriftsteller wie seine Frau. Er verfasst an die vierzig Bücher. Sein Spektrum reicht von Beschreibungen des diplomatischen Dienstes über historisch-politische Werke bis zu Biographien von Dichtern wie Verlaine, Tennyson, Lord Byron oder Swinburne. Er schreibt Essays und wöchentliche Kolumnen für Zeitungen wie den

Observer, den *New Statesman*, *Daily Telegraph* oder den Pariser *Figaro* und sitzt im Verwaltungsrat der BBC. Seine 1966 erschienenen Tagebücher werden ein später Bestseller.

Aber das wahre Hauptwerk der beiden Autoren Vita und Harold sind die Tausende von Briefen, die sie sich in den neunundvierzig Jahren ihrer Ehe geschrieben haben. Nahezu täglich tauschen sie zwischen 1912 und 1962 oft seitenlange Berichte aus: über Häuser, Amouren, Politik, schriftstellerische Projekte, über die Weltgeschichte ebenso wie über Alltägliches, die Familie, Freunde und ihre Gefühle füreinander. Denn die meiste Zeit ihrer lang währenden Ehe verbringen die beiden nicht in einem Haus, und schon gar nicht im selben Bett.

Vita hasst das Leben einer Diplomatengattin und weigert sich, ihren Mann auf seine Posten in die Türkei, nach Persien oder Deutschland zu begleiten. Und als Harold den Dienst quittiert und nach England zurückkehrt, lebt er unter der Woche in seiner Junggesellenwohnung in London, während Vita sich erst in ihr gemeinsames Haus in Long Barn südlich von London und später nach Sissinghurst zurückzieht.

Ohne Frage lässt sich auf diese Weise das meiste an lästigem Alltagskram, der die Harmonie des Zusammenlebens banalisiert und abnutzt, aus einer Ehe heraushalten. Noch dazu, wenn man sich gegenseitig volle sexuelle Freiheit zugesteht. Diese *carte blanche* gilt aber ausschließlich für jeweils gleichgeschlechtliche Beziehungen. Anderweitige heterosexuelle Affären, so empfindet

Vita, wären durchaus eine Bedrohung der kunstvollen Balance ihres Miteinanders. »Wenn Du eine andere Frau liebtest und ich einen anderen Mann, würden wir beide oder einer von uns eine natürliche sexuelle Erfüllung finden, die unserer eigenen Beziehung unweigerlich etwas rauben würde. Tatsache ist, dass die Liaisons, auf die Du und ich uns einlassen, von ganz anderer Qualität sind als das natürliche Verhältnis, das wir zueinander haben, und dieses nicht beeinträchtigen.«

Die Wahrung dieser Exklusivität ihrer Beziehung war der eine Fels in vielen stürmischen Phasen ihrer Ehe. Der andere war der permanente Dialog, durch den sie ein Höchstmaß an Intimität erreichten. Ihr gemeinsames Leben fand seine emotionalste, leidenschaftlichste und vertrauteste Form in diesem nicht abreißenden Gedanken- und Gefühlsstrom. In ihren Briefen finden sie Worte füreinander, die sie von Angesicht zu Angesicht so wohl niemals ausgesprochen haben. Besonders gilt das für Harold, der Gefühlsausbrüche zeitlebens hasste. Es sind Zeugnisse größter Offenheit und Verbundenheit, die nur für den jeweils anderen, für den Augenblick bestimmt sind, und nie im Hinblick auf eine eventuelle spätere Veröffentlichung verfasst wurden. Ein Diskurs, der immer auf gleicher Augenhöhe stattfindet, frei von besitzergreifenden Attitüden.

Sich ihres Reichtums sehr bewusst, feiern sie diese kostbare Beziehung immer wieder mit schwärmerischen Worten. Das eine oder andere mag dabei im Laufe der Jahre zur perfekt eingeübten Stilisierung geworden sein. So steht neben der Wahrheit auch die Verklärung einer Liebe, an der nicht nur zwei Liebende, sondern auch zwei passionierte Schriftsteller unermüdlich wirken. Vita bemerkte dazu: »Wir sind einander ganz sicher in diesem sonderbaren, seltsamen, distanzierten, intimen, mystischen Verhältnis, das wir einem außenstehenden Menschen niemals erklären können.«

Zum ersten Mal begegnet sind sich die beiden im Juni 1910 auf einer Dinnerparty. Vita ist gerade achtzehn Jahre alt, Harold vierundzwanzig. Vier Tage später lädt Vita ihn zu einer Theateraufführung in den Park von Knole, dem Stammschloss der Sackville-Wests, ein. Man begegnet sich gut eineinhalb Jahre lang bei Partys in London und Adelsfesten auf dem Land. Vita vertraut ihrem Tagebuch an, Harold sei der »beste wirkliche Gespiele, *den ich kennengelernt habe«.*

Fotos aus dieser Zeit zeigen Vita als auffallende, aparte Schönheit: ein Meter zweiundachtzig groß, Augen wie dunkler Samt, geheimnisvoll umschattet, sprichwörtlicher Pfirsichteint, endlos lange, schlanke Beine. Sie ist von einer aristokratischen Aura umgeben. Virginia Woolf schreibt über die Freundin und spätere Geliebte: »Wäre ich sie, ich würde lediglich schreiten, zwölf Elchhunde im Gefolge, durch meine mir angestammten Wälder.«

Auch Harold ist ein gut aussehender junger Mann. Der offene Blick lässt auf Intelligenz und Warmherzigkeit schließen. Das weiche Kinn mag seinen Hang zur Konzilianz bestätigen, die von einem verbindlichen Lächeln umspielten Lippen verraten Humor und Selbstironie. Er strahlt gelassene Freundlichkeit aus. Mit seiner Pfeife und dem Tweedsakko ist er der klassische englische Gentleman.

Neujahr 1912, das er in Knole verbringt, erfährt Harold, dass man ihn nach Konstantinopel schicken wird. Wenig später, auf einem Ball, gesteht er Vita seine Liebe. Sie ist in großer Verwirrung über ihre Gefühle. Ihre Mutter, Lady Sackville – von ihr Bonne Maman genannt –, macht unmissverständlich deutlich, dass vor Ablauf eines Jahres nicht an Verlobung zu denken sei, dass Vita vollkommen frei sein müsse und in ihrer Korrespondenz mit dem jungen Diplomaten Worte wie »Liebster« oder »Liebling« nicht vorkommen dürften.

Dennoch machen beide Pläne für eine gemeinsame Zukunft. Vita versucht, sich an die Vorstellung zu gewöhnen, das Leben einer Diplomatengattin zu führen.

Vita schreibt Harold nach Konstantinopel

Knole, 23. Juli 1912

Ich bekam einen langen Brief von Dir. Es war ein ziemlich beunruhigender Brief. Ich bin heute allein hier, sodass ich antworten kann. Soll ich? Nach bestem Gewissen? Bevor Du England verließt, äußertest Du Dich über die Nachteile [des diplomatischen Dienstes], und ich nahm sie auf die leichte Schulter, nicht nur Dir, auch mir gegenüber, und seit Du gegangen bist, habe ich darüber nachgedacht, und ich kann nicht sagen, dass sie mich sehr ängstigen.

1) in puncto Langeweile: Ich langweile mich nie; 2) in puncto Armut: Wir wären nicht arm, denn Bonne Ma-

man war diesbezüglich wunderbar offen mir gegenüber, und ich weiß, wir wären es nicht, eher das Gegenteil; 3) in puncto Angst, in England vergessen zu werden: Die Leute, die zählen, vergessen nicht, und die, die es tun, zählen nicht. Und obwohl es dumm wäre, zu behaupten, mir würde es gefallen, zwei oder drei Jahre in Rio zu verbringen, würde ich nicht so schrecklich viel Aufhebens darum machen – und überhaupt, Dir würde es nicht mehr gefallen als mir. Zur Entschädigung dafür gäbe es Jahre in großartigen Orten wie Rom, wo wir eine Wohnung in einem Palazzo hätten und kleine Partys für Leute geben würden, zu denen wir zuvorkommend sein müssten, und es würde ein Erfolg sein. Denn wenn ich Dich heirate, hat alles durch und durch ein Erfolg zu werden.

Aber, Harold, obwohl ich monatelang fast ausschließlich Pläne gemacht habe – diese köstlichen Pläne, über die wir uns gegenseitig ausgetauscht haben – und obwohl ich unglücklich gewesen bin bei jeder der zahlreichen und verschiedenen Gelegenheiten, wenn Dein Urlaub verschoben wurde, und obwohl da »niemand sonst« ist, den man mit Dir vergleichen könnte – trotz alldem, denke ich, dass wir diesen Herbst nicht heiraten können. Sei nicht deprimiert deswegen; es bedeutet nichts Schlimmes, nur dass dies das erste Jahr ist, in dem ich endlich gelebt habe und begonnen habe, Freundschaften zu schließen, und wenn ich zulasse, dass Du mich dieses Jahr entführst, wird alles vorbei sein – zudem bin ich erst zwanzig. Ich vermute, es ist eigennützig von mir, weil Du weg bist, im Ausland, und keine gute Zeit hast, aber lass mich bis nächsten Juni oder nur April egoistisch sein, und ich will den Rest meines Lebens damit verbringen, uneigennützig für Dich da zu sein. (…)

Oh Harold, Du wirst jetzt sicher traurig und enttäuscht sein, aber lese meinen Brief mehrmals, so, wie ich es mit Deinem gemacht habe, und Du wirst sehen, dass er vernünftig ist. Aber Vernunft ist nie attraktiv. (…)

Lass uns einfach unaussprechlich glücklich sein, wenn Du im September zurückkommst, und nicht daran denken, dass Du wieder wegmusst. Irgendwann wird es kein »weg« mehr geben. Und Du wirst wahrscheinlich dann in den Nicht-mehr-weg-Tagen meiner genügend müde werden und nur zu froh sein, am Anfang sechs Monate entkommen zu sein.

Denn Du kennst mich nicht. Was Dich am meisten stören wird, ist meine phänomenale Vergesslichkeit. Du wirst mich bitten, Dir das Auto in die Botschaft zu schicken, und ich werde es vergessen. Wir werden Leute zum Mittagessen haben, und ich werde vergessen, es dem Personal zu sagen. Es wird Dich ziemlich verrückt machen. Dann bin ich unordentlich wie Du, sehr egoistisch, und es langweilt mich, Dinge für andere Leute zu tun. Ich mag es, wenn Dinge für mich gemacht werden. (…)

Ich weiß nicht viel über meine Tugenden. Ich habe meist gute Laune, das ist schon alles. Ich werde Dich nie stören, wenn Du müde bist, oder Spitzen gegen Deine Freunde loslassen. Und ich werde wahrscheinlich die Bücher mögen, die Du auch magst. Ich denke, das ist eine ziemlich gute Liste mit Tugenden, alles ziemlich wichtige.

Bis jetzt hatte ich nie Krach mit Menschen, mit denen ich zusammenlebte, und ich bin sehr logisch und vernünftig und zugänglich, wenn die Leute es freundlich einfordern und mich nicht dazu nötigen. Genauso bist Du auch. Ich denke, es sollte uns leichtfallen, uns gegenseitig zu fördern. Und wie wir natürlich immer gewusst haben, passen wir lächerlich gut zusammen. (…)

Und was Deine Karriere betrifft – wenn Du es von mir wünschst, werde ich immer bereit sein, auf Dinnerpartys zu gehen, sogar, wenn ich müde bin, und ich werde hübsch aussehen, und Du wirst Dich meinetwegen nicht schämen müssen.

Nachdem ich all das geschrieben habe, tut es mir schon fast wieder leid, dass ich beschlossen habe, wegen Herbst so strikt zu sein, aber ich werde dazu stehen, weil es fairer ist, gegenüber mir, Dir, B. M., und im September wirst Du mich umstimmen wollen. Aber abgesehen davon werden wir verlobt sein, wenn Du willst, auch wenn die Leute nichts davon wissen.

Falls Londoner Klatsch Konstantinopel erreicht, kommt Dir möglicherweise zu Ohren, dass ich mit jemandem verlobt sei. So ziemlich jeder in London hat mir dazu gratuliert, aber es ist nicht wahr, und ich dachte nicht, dass es da irgendwas gegeben hat, bis er mich gestern zu meinem größten Erstaunen bat, ihn zu heiraten. Er muss verrückt sein. Er kennt mich kaum, und ich habe nie den geringsten Gedanken an ihn verschwendet.

Ich wünschte, Du würdest am vierten August heimkommen, in weniger als vierzehn Tagen. Es ist grausam, und ich benutze aus diesem Grund schreckliche italienische Schimpfwörter, die scheinbar nicht viel geholfen haben.

Hasst Du mich, weil ich Dir eine so unbefriedigende Antwort auf Deinen Brief geschickt habe, oder verstehst Du es?

Auf Wiedersehen, Harold, Gott schütze Dich.

Harold fasst sich wohl oder übel in Geduld. Doch Weihnachten 1912 schreibt er Vita einen ultimativen Brief. Er wolle, dass die Hochzeit offiziell im April angekündigt und für September angesetzt werde. Wie immer, wenn Harold sich zu einer entschlossenen Haltung durchringt, scheint Vita fügsam und erleichtert. Außerdem gibt es die Aussicht auf eine Versetzung Harolds nach Österreich.

Harold

Britische Botschaft, Konstantinopel, 14. Januar 1913

Ich wollte eine ehrliche Meinung von Dir über Wien, und ich bekam sie. Es ist natürlich genau das, was auch ich empfinde. Natürlich ist Wien in sozialer Hinsicht der grässlichste Ort von allen. Ich meine, sie sind dort alle snobistisch und ungebildet und auf Exklusivität bedacht – und sie haben nicht wie wir Spaß daran, mit schmuddeligen Künstlern zu reden. Aber wir könnten ein Doppelleben führen: einmal als snobistische Botschaftsangehörige und einmal schlicht als Vita und Harold, und dann hauen wir einfach mit dem Auto ab und schlafen in kleinen Gasthäusern zwischen Pinien.

Vita, Liebling, ich werde glücklich sein, wo auch immer ich mit Dir bin – und es ist so großartig, dass wir die Dinge immer auf dieselbe Weise sehen – ich meine, Du wirst immer wissen, was ich hasse und warum ich es hasse, und ich werde wissen, warum Du Dich langweilst – und wir werden immer zur selben Zeit weggehen wollen.

Vita
Hill Hall, Epping, 30. Januar 1913

Mir graut es vor Wien, weil das Ganze so langweilig sein wird. Natürlich werde ich das Diplomatenleben hassen. Das sagst Du immer, und ich denke, Du hast recht. Aber ich liebe Dich, kleiner Harold, was sollen wir also dagegen tun? Sicher, das Schloss am Meer, unsere *solitude à deux* waren und sind kleine Blicke ins Paradies. Und nach ein paar Jahren, wenn wir der *solitude à deux* müde werden, wie es ja kommen muss, bleibt uns – was? Rio de Janeiro, öde alte Diplomaten, keine englischen Freunde.

Vita
15. Februar 1913

Und Du weißt, dass ich nicht »kultiviert« bin (was fällt Dir ein!), sondern durch und durch primitiv; und nicht 1913, sondern 1470; und nicht »modern«, und Du weißt, dass ich hübscher bin als jede andere, und Du liebst mich mehr als irgendjemanden auf der Welt – Du weißt, dass Du es tust (…) und Du weißt, wenn ich mein schönes Knole aufgebe, das ich innig liebe, und meine B. M., die ich innig liebe, und mein Ghirlandaio-Zimmer, das ich innig liebe, und meine Bücher und meinen Garten und meine Freiheit, die ich innig liebe – so geschieht es nur Deinetwegen, wo ich mir doch aus Dir nicht das Geringste mache.

Aber ich möchte auf der Lehne Deines Sessels sitzen und Deine Depeschen über Deine Schulter mitlesen und Dir durch die Locken fahren, was Dich ärgerlich machen wird. Und ich möchte Abendgesellschaften in unserem Haus geben, bei denen die Leute uns so langweilen werden, weil wir viel lieber allein wären.

Wenn Vita sich nicht gerade zwischen Zukunftsängsten und Zukunftsplänen zerrissen fühlt, genießt sie ihr Leben. Sie folgt Einladungen, geht auf Bälle, flirtet mit diversen Verehrern und erlebt ihre erste große Romanze mit einer Frau, ihrer Jugendfreundin Rosamund. Aber wie auch später, während der fünf Jahrzehnte ihrer Ehe, werden diese Verliebtheiten nichts an ihren Gefühlen für Harold ändern. Dennoch scheint der Trubel etwas zu viel geworden zu sein, wenn sogar der stets so langmütig tolerante Harold sich beklagt.

Harold
Britische Botschaft, Konstantinopel, 26. Februar 1913

Seit zehn Tagen kein Brief von Dir. Das ist schrecklich für mich. Ich weiß – das heißt, ich *hoffe* –, dass Du sagen wirst: »Dummer Junge, warum wird er nervös wegen nichts?« Aber ist es nichts, Vita? Du musst meine Sicht auf die Dinge verstehen. Ich weiß, Du hast nichts zu tun – und ich, der den ganzen Tag beschäftigt ist, finde die Zeit, Dir vier Mal die Woche zu schreiben. Oh Vita! Und ich weiß, in einem Fall wie diesem kann es keine Frage von Trägheit sein. Du kannst doch nicht zu faul sein, um mir zu schreiben, und wenn Du es bist, dann bedeutet es, dass ich Dir vollkommen gleichgültig bin. Was soll es sonst bedeuten? Du siehst, immer wieder renne ich gegen diese Mauer aus Granit.

Und da sind die vielen kleinen Dinge, die mich das spüren lassen. Kleine absurde Dinge von enormer Bedeutung. Dinge, über die Du mir nie etwas erzählst. Wenn ich manche Deiner Briefe bekomme, fühle ich, dass Du an viele Dinge nicht gedacht hast, die ich gerne hören würde – über Dein Zimmer, über Deine Kleider, über die Leute, mit denen Du Dich triffst – ja sogar über die *Rosenkavalier*-Aufführung. (…)

Ist das ein törichter Brief, den ich da schreibe, Vita? Aber es ist ja nur, weil mir die Augen brennen vor Enttäuschung und mein Herz wund ist, so wund, und Du so weit weg bist und ich nicht weiß, was sich abspielt. (…) Ich kann es nicht ertragen. Du bist da draußen und lachst mit fremden Leuten – Leuten, die ich nicht kenne, Leuten, die vielleicht irgendeine Macht über Deine Gedanken haben – und zuweilen, vor dem Abendessen, schreibst Du mir einen Brief, während Rosamund gerade ihr Bad nimmt, und er ist so leicht dahingeschrieben und bedeutet mir so viel.

Vita
Knole, 4. März 1913

Harold, Du schriebst mir einen langen, aufgewühlten Brief, und das bestürzte mich so, dass ich nicht wusste, wie ich darauf antworten sollte, obwohl ich mich sofort hinsetzen wollte, um Dir einen tröstenden Brief zu zurückzuschreiben. Es tut mir leid, es ist grässlich, dass ich Dich verletzt habe, und sag bloß nicht: »Es ist ihr gleichgültig«, weil es das nicht ist, nur sind die Dinge manchmal so schwierig. (…)

Harold – Du weißt es nicht, und wie soll ich es Dir sagen?

Aber Du bist allgegenwärtig für mich, und wenn ich lustlos und gelangweilt bin, liegt es daran, dass Du nicht da bist, und wenn ich ärgerlich bin, liegt es ebenfalls daran. Und manchmal glaube ich, dass Du ganz glücklich und vergnügt bist dort mit Deinem Gerry und Deinen Kriegen und dass ich Dir nicht das Wichtigste bin, und dann schreibe ich einen biestigen Brief oder schreibe gar nicht. Es ist dieser lange Aufschub und diese Trennung, die an unseren Nerven zerren. Ich merke, dass es für Dich schlimmer ist, viel schlimmer. (…)

Mach einen Ausflug, lass Dir den Wind ins Gesicht blasen, und sei nicht trübsinnig und rede Dir nicht ein, ich würde mir nichts aus Dir machen.

Natürlich liebe ich Dich. Aber nicht, wenn Du mir düstere Briefe schreibst.

Ich wollte, Du wärst hier.

Trotz all ihrer Liebesbeteuerungen ist sich die zwanzigjährige Vita immer wieder unsicher, ob eine solche Ehe der richtige Schritt sein würde. Sie hatte eine Reise nach Spanien und Italien unternommen, die reich an faszinierenden Eindrücken und Begegnungen gewesen war. Sie liebte ihre Freiheit, Gesellschaften in großem Stil und ein unkonventionelles, eher bohemehaftes Leben. Die Vorstellung, in einem knappen halben Jahr eine seriöse Diplomatengattin abgeben zu müssen, löst Panik in ihr aus. Sie schlägt Harold in einem (nicht erhaltenen) Brief vor, das Ganze vielleicht lieber zu lassen. Harold versucht inständig, ihre Zweifel zu zerstreuen.

Harold

Britische Botschaft, Konstantinopel, 19. Mai 1913

Vita, Liebling, mein Liebling Vita,

ich bekam heute einen schrecklichen Brief von Dir, und er stürzte mich in größte Besorgnis. Vita, ich kann nicht zusammenhängend darauf antworten. Ich habe versucht, die Wirkung auf mich abzumildern. Ich habe es mir so erklärt, dass Du, als Du zurück nach England kamst,

Dein Heim geborgen, einladend und bequem fandest und meine Briefe Dir in der Betriebsamkeit der Ankunft flach und unpersönlich schienen und Du sie in der falschen Reihenfolge gelesen hast, noch dazu, während Leute Dir Fragen stellten. Sie haben keinen schönen Nachhall bei Dir hinterlassen – und so ließest Du Deinen Brief auf nahezu brutale Weise enden, in aufwallendem Ärger und als Reaktion auf die Aufregungen der Heimkehr und mit einem Gefühl wie: »Nun, hier wird es nichts Aufregendes mehr geben, bis Harold nach Hause kommt, und ob *das* wirklich aufregend sein wird?«

Oh Vita, wenn ich jetzt mit Dir sprechen könnte, könnte ich etwas tun, aber was soll ein Brief bewirken, wenn ich die Nähe zu Dir verloren habe? Ich fühle, dass Du das Terrain sondierst für schlimmere Neuigkeiten in Deinem nächsten Brief. (…)

Vita, Du kannst mich nicht auf diese Weise behandeln. Ich würde Dich am liebsten umbringen. All diese strahlenden Luftschlösser niedergerissen und weggekehrt mit ein paar Worten am Ende eines Briefes – wie ein Weihnachtsbaum am Tag danach. (…)

Ich vermute, ich fühlte mich Deiner zu sicher, und diese Zweifel zeigen mir, wie dünn das Eis ist. Aber, Vita, lass mir wenigstens für den Augenblick etwas Trost – und warte, bis Du mich siehst, bevor Du richtig grausam wirst.

Und ich liebe Dich so viel mehr als je zuvor – meine Sehnsucht nach Dir ist wie eine gespannte Schnur in mir.

Natürlich ist es dieses verdammte Künstlertemperament, das uns beide in dieses Durcheinander gestürzt hat. Diese tief verwurzelte Gewohnheit, immer beide Seiten zu sehen.

Warum um alles in der Welt können wir nicht sofort heiraten, wenn der Prozess[1] gewonnen ist? In meiner bescheuerten Dummheit habe ich mich immer darauf verlassen. Und jetzt kann ich mich auf nichts mehr verlassen. Es sei denn, Du hast es nicht so gemeint, Vita. Es kann nicht Dein Ernst gewesen sein, es mir hierher zu schreiben. Du hättest es für Dich behalten, bis ich nach Hause gekommen wäre.

Vita

Knole, 20. Mai 1913

Mea culpa! Mea maxima culpa! Mein Brief war nur ein missgelaunter Ausbruch von einem Wanderer, der sich nach Wochen der Freiheit wieder in einem Käfig eingesperrt fühlt und folglich böse war und gegen die eisernen Gitterstäbe aufbegehrte – und das ist der Mensch, Du armer, unbesonnener, schlecht beratener Harold, das ist der Mensch, den Du so leichten Herzens fürs ganze Leben auf Dich nehmen willst, jemand, von dem Du überhaupt nichts weißt. Ach, Harold, Liebster, es tut mir leid. Ich hatte Dich nicht aus der Fassung bringen wollen. Ich möchte Dich um jeden Preis zurückhaben. Es war zu scheußlich, dass Du die ganze Zeit weg warst, und acht Monate sind ja ein ganzes Leben.

Die Krise war überstanden! Abgesehen von Vitas späterer, leidenschaftlicher Affäre mit Violet Trefusis, sollte dies das einzige Mal in ihrer über fünfzigjährigen Beziehung bleiben, dass ihre Liebe in Frage gestellt wurde. Und das Muster des ununterbrochenen Dialogs in unbedingter Offenheit und Vertrautheit wird zum unverbrüchlichen Band ihrer Ehe.

Die Hochzeit findet am 1. Oktober 1913 in der Kapelle von Schloss Knole statt. Ihre Flitterwochen verbringen Vita und Harold in Florenz, und von dort geht es weiter nach Konstantinopel, wo Harold Dritter Sekretär an der Botschaft war. Im Juni 1914 kehren beide nach London zurück, und Anfang August wird dort ihr erster Sohn Ben geboren. Im Januar 1917 folgt die Geburt des zweiten Sohns, Nigel, und auch in diesem vierten Jahr ihrer Ehe schreibt Vita an ihren Mann verliebte Billetts.

Vita
Long Barn, Februar 1917

Liebling, komm rauf und wirf einen Blick in mein Zimmer, und wenn ich schlafe, küsse mich und schleiche davon wie Mäuschen; und wenn ich nicht schlafe, küsse mich dennoch, und dann bleib bei mir. Ich werde nicht schlafen, und außerdem bist Du mir kostbarer als Schlaf.

Ich liebe Dich. Liebling, wie ungeduldig Liebe doch sein kann, selbst wenn man verheiratet ist und zwei kleine Jungen hat. Ich liege und warte auf Dich mit derselben bebenden Erwartung, als hättest Du mir bis gestern noch nie gesagt, dass Du mich liebst.

Bald aber sollte sich Vitas Verlangen weniger auf Harold als auf eine andere Frau richten: Violet Trefusis. Violet war zwei Jahre jünger als Vita und stammte wie diese aus einem aristokratischen Elternhaus. Ihre Mutter, Alice Keppel, war die langjährige Geliebte von König Edward VII. Die Beziehung der beiden jungen Frauen sollte zu einer zwei Jahre andauernden amour fou *werden. Mehrfach reißt das Paar nach Frankreich aus, und die Gerüchte drohen sich in London zum Skandal zu verdichten. Auch Harold argwöhnt, die Affäre könnte außer Kontrolle geraten. Vita versucht immer wieder, seine Befürchtungen zu zerstreuen. Noch kurz vor ihrer ersten amourösen Reise mit Violet schreibt sie ihm.*

Vita
Long Barn, 11. Mai 1918

Ja, die Wanderlust hat mich erwischt, und zwar ziemlich schlimm. Ich weiß nicht, ob Du sie je hattest? Es ist eine echte Qual – so wie Liebe und Eifersucht. Du scheinst es durcheinanderzubringen mit dem, was Du »Wunsch nach Abenteuern« nennst. Ich will diese Art von Abenteuern nicht, solange ich Dich habe. Ich habe echte Wanderlust – Sehnsucht nach neuen Orten, nach Veränderung, nach Orten, wo niemand von mir erwartet, dass ich Anordnungen für das Mittagessen gebe oder Rechnungen bezahle, oder jemand mit einer Beschwerde gegen irgendwen kommt. Ja, es sind dumme kleine Sachen wie diese, die mir auf die Nerven gehen. Unterbrochen zu werden, verfügbar zu sein. Ich möchte mit Dir wegfahren, irgendwohin, wo uns keine Briefe folgen können und niemand weiß, wo wir sind. (...)

Es ist ganz unsinnig. Ich habe alles, was ich möchte – Dich, zwei kleine Buben, ein Häuschen, Geld, Blumen, einen Bauernhof. Ich weiß natürlich, dass Du es auf Violet zurückführen wirst, aber da irrst Du Dich. Ich möchte frei sein mit Dir, und das kann ich erst sein, wenn der Krieg vorüber ist. Ich habe das Gefühl, dass Menschen wie Violet mich in der Zwischenzeit vor einer Art intellektueller Stagnation, einer trägen Selbstgefälligkeit bewahren können. (...) Also sei nicht eifersüchtig auf Violet, mein liebes Dummerchen. Du weißt, dass Du immer gegen den Stillstand in Cadogan Gardens[2] gekämpft hast.

Liebling, eines Tages werden wir fortgehen mit zwei kleinen Zahnbürsten, und der schreckliche Krieg wird vorbei sein. Wenn ich nur Dich behalte, fürchte ich, ist es mir egal, was mit dem Krieg passiert, wenn er nur aufhörte. Es ist alles ein so phantastisch tragischer Irrtum.

In Harolds beruflichem Leben spielt der Erste Weltkrieg eine weitaus größere Rolle, die ihn zwingt, sich mit gravierenderen Problemen als »Wanderlust« auseinanderzusetzen. Er kämpft an allen Fronten.

Harold
St. James's Club, Piccadilly, 9. September 1918

Meine kleine Viti, ich war heute die ganze Zeit so gehetzt, dass ich keine Zeit zum Schreiben hatte, und nun kommt dieser Brief so spät, dass sie denken muss, er liebt mich nicht mehr. Aber er tut es! Er tut es! Er hat sie noch nie mehr geliebt als in den letzten paar Monaten, als sie ihm entglitten ist. Viti, meine Kleine, Du wirst niemals jemanden treffen, der Dich so liebt wie ich. Ich weiß das, und eines Tages wirst auch Du es wissen. Alles, was ich möchte, ist, dass Du glücklich bist. Wirklich, ich würde in einem Turm leben mit zwei Fledermäusen und sechs Mäusen, wenn es Dich glücklich machen würde. (...)

Aber das ist nicht das, was zählt: und Violet hat Dir auf ihre schlaue Art den Gedanken eingegeben, dass ich unromantisch sei. Oh Liebes, wie soll ein verarmter Staatsbeamter mittleren Alters mit so einer durchtriebenen Anschuldigung fertig werden? Wenn ich reich wäre, verstehst Du, dann hätte ich einen Kammerdiener und ein Flugzeug und einen Gardenienstrauch, und es würde alles sein wie bei Byron; aber da ich weder reich noch erfolgreich bin, kommt nur der arme kleine Hadji dabei heraus. (...)

Kleines – ich wünschte, Violet wäre tot. Sie hat etwas vom Strahlendsten, was es je gegeben hat, vergiftet. Sie ist wie eine wilde Orchidee, die in den Abgründen des Lebens schimmert und stinkt – und einen süßlichen Leichengeruch in die frische Morgenluft entströmt. Liebste, sie ist böse, und ich bin es nicht.

Ach, meine Liebste, was bringt Dich bloß dazu, sie über mich zu stellen? Wir, Du und ich, schienen doch Hand in Hand durchs Hügelland zu laufen, und jetzt wandere ich allein und ziemlich verängstigt im Nebel herum. (...)

Könnte es Dein verflixtes Sackville-Blut sein oder eine Art Georges-Sand-Nummer, oder vielleicht liegt es daran, dass ich ein schlechter, nutzloser, wenig überzeugender, ausweichender, unromantischer Ehemann bin? Und gegen mich habe ich diese kleine, schlangenhafte, erotische, unverantwortliche, schrankenlose Person. Ich gebe ihr nicht die Schuld, ich hasse sie nicht einmal. Nicht mehr, als ich Opium hassen würde, wenn Du es nehmen würdest.

Aber, Liebling, was bedeutet das alles? Was bedeutet Dein seltsamer, wenig überzeugender Ausbruch von Zuneigung und was Deine zwischenzeitliche, sehr überzeugende Kälte? Kleines, ich bin kein Dummkopf. Ich kann alles vergeben und vergessen und verstehe eine ganze Menge.

Aber kannst Du es mir sagen? Es mir schreiben? Was ist passiert? Da ich es nicht bin, musst es Du sein. Und Du bist genauso analytisch, Du solltest in der Lage sein, es zu erklären, es mir zu erklären. (...)

Es regnet heute Nacht – der Winter steht vor der Tür.

Hadji

»Hadji«, dieses arabische Wort für »Pilger«, war zeitlebens der Kosename von Vita für ihren Mann.

Vita
1. Oktober 1918

So wie ich weiß, dass morgen die Sonne aufgehen wird, so weiß ich, dass ich Dich unveränderlich liebe. Ich weiß, dass diese Liebe jede flüchtige Neigung überdauert, die ich für jemanden empfinden könnte. (Hab keine Angst, ich liebe niemanden sonst.) Nach fünf Jahren weiß ich, was der Unterschied ist zwischen einer Liebe, die tiefe, starke Wurzeln hat, und einer, die nicht mehr als eine zufällige Einbildung ist, wobei die Person, die man sich vorstellt, die man liebt, genauso gut eine andere sein könnte.

Weißt Du, ich denke nicht, dass es eine Liebe wie die unsere oft gibt. Es gibt Leidenschaft und es gibt Gewohnheit. Aber das Wissen, dass man verbunden, zusammengeschmiedet und zusammengelötet ist durch eine Mischung aus Leidenschaft *und* Gewohnheit *und* Zärtlichkeit *und* Freundschaft *und* Lebensumstände *und* Erinnerungen *und* – vor allem – durch das, was man Liebe nennt, was im Wesentlichen einem Gefühl von Zusammengehörigkeit, von Ausgewählthaben entspricht, von: »Er gehört MIR« – ich glaube nicht, dass das oft passiert.

Vita scheint sich im glühenden Beschwören ihrer Liebe oft selbst überzeugen zu wollen. Sie will Harold, und sie will gleichzeitig Violet. Dagegen ist Harold von der Weltgeschichte okkupiert. Er hält sich nach Ende des Ersten Weltkriegs mit der britischen Delegation bei den Friedensverhandlungen in Paris auf.

Harold

Britische Delegation, Paris, 1. Februar 1919

Gestern habe ich von 9 Uhr 30 bis 12 Uhr 30 und von 1 Uhr 30 bis 8 Uhr gearbeitet. Ich habe grundsätzlich jeden Vormittag eine Komitee-Sitzung, und seit einiger Zeit gehe ich jeden Nachmittag zum Rat der Zehn. Letzterer ist furchteinflößend. Ein kleiner, aber prächtiger Raum, mit Armsesseln, die an beiden Seiten eines riesigen Schreibtisches aufgestellt sind. Am Tisch sitzt Clemenceau (Frankreich), und zu seiner Rechten sitzen die fünf Großmächte, Wilson und Lansing (USA); Lloyd George und Balfour (Großbritannien); Orlando und Sonnino (Italien); Pichon (Frankreich) und der Japaner.

Dann kommt Hadji – oje, er sieht so lustig aus. Mittendrin Sekretäre und ein Dolmetscher.

Hier spielt sich natürlich die wirkliche Tagung ab, wo die Arbeit gemacht wird, aber es sieht nicht so aus, da jeder nur einfach herumsitzt und aufsteht und sich an den Kaminsims lehnt.

Die erbärmlichen kleineren Mächte werden eine nach der anderen hereingebracht und aufgefordert, ihren Fall vorzutragen. Sie sitzen Clemenceau gegenüber wie auf der Anklagebank. Es ist ein merkwürdiges Schauspiel.

Hadji sagt nichts, außer wenn er gefragt wird – und dann wird er rot.

Harold
Britische Delegation, Paris, 4. Mai 1919

Ich kritzelte gestern eine Nachricht für Dich in Präsident Wilsons Vorzimmer, während draußen ein Mann den Rasen mit einem Schlauch wässerte, unter den Augen eines amerikanischen Wachpostens. Ich war gerade fertig, da platzte Lloyd George herein in seiner impulsiven Art: »Komm mit, Nicolson, und spitz deine Ohren.« So ging ich zu Wilsons Büro, und dort waren er, Lloyd George und Clemenceau, ihre Armsessel dicht vor eine Landkarte gezogen, die auf dem Kaminteppich lag. Ich war etwa eine halbe Stunde dort. Der Präsident war außerordentlich nett – und ebenso Lloyd George. Clemenceau war mürrisch in diesem *»Mais, voyons, jeune homme«*-Stil.

Aber, Liebling, es ist entsetzlich, wie diese ignoranten und verantwortungslosen Männer Kleinasien in Stücke schneiden, als zerteilten sie einen Kuchen, und niemand anderer da, außer Hadji – der im Übrigen überhaupt nicht mit Kleinasien befasst ist. Ist es nicht schrecklich, dass das Schicksal von Millionen auf diese Weise entschieden wird – nachdem wir den Rat die letzten zwei Monate ständig bedrängt hatten, uns Zeit zu geben, einen Plan auszuarbeiten?

Und außerdem sind diese Entscheidungen unmoralisch und undurchführbar – und das habe ich ihnen auch so gesagt. *»Mais, voyez-vous, jeune homme – que voulez-vouz qu'on fasse? Il faut aboutier.«* (Aber, schauen Sie, junger Mann – was sollen wir denn Ihrer Meinung nach tun? Wir müssen zum Ende kommen.)

Der lustige Part ist, dass sie ausgerechnet dort, wo ich ins Spiel komme – was Griechenland betrifft –, gefährlich weit über das hinausgegangen sind, was ich in meinen gewagtesten Augenblicken vorgeschlagen hatte – und jeder wird denken, dass ich es war.

Während Harold neben seinen Eheproblemen auch noch die Neuordnung Europas verhandelt, bleibt Vita verstrickt in ihre Affäre mit Violet. Diese war von ihrer Mutter gezwungen worden zu heiraten, um dem Tratsch wegen der mittlerweile stadtbekannten amour scandaleuse *der beiden jungen Frauen den Wind aus den Segeln zu nehmen.*

Aber kaum ist Violet von ihrer Hochzeitsreise zurück, während derer sie herzzerreißende Liebesbriefe an Vita schreibt, machen sie und Vita Pläne für eine gemeinsame Reise nach Griechenland. Als Alibi dient eine Recherche, da Vitas neuer Roman Challenge *in Griechenland spielen soll. Harold aber laviert weiterhin zwischen verhohlener Sorge und großherziger Toleranz, womit er offensichtlich nicht den Ton trifft, den Vita gerne hören möchte.*

Vita
Bordighera, Italien, 5. Dezember 1919

Ich glaube kaum, dass Dir auch nur im Geringsten klar ist, was eigentlich vor sich geht. Ich glaube, Du hast die Sache nicht ernst genommen. Du hast sie als mehr oder weniger vorübergehend angesehen, als ein »Sich-die-Hörner-Abstoßen«, wie Du selbst gesagt hast. Aber Du kannst doch gewiss nicht glauben, Liebster, dass ich von Dir weggegangen bin und alles das riskiert habe, was ich aufs Spiel gesetzt habe – Deine Liebe, Mamas Liebe, Dadas Liebe und meinen eigenen Ruf –, um einer Laune willen? (An meinem eigenen Ruf liegt mir wirklich nicht das Geringste, wohl aber an allem anderen.) Begreifst Du nicht, dass nur eine sehr große Kraft mich dazu bringen konnte, all diese Dinge aufs Spiel zu setzen? (...)

Und dann, ach Hadji, mein liebster Hadji (Du *bist* mein liebster Hadji, denn wenn Du nicht wärest, würde ich mit Violet auf und davon gehen), dann ist da noch etwas anderes. Du sagst, dass Du wieder mit mir schlafen möchtest. Aber das ist unmöglich, Liebster; so etwas kann es jetzt nicht geben – ich meine, eben jetzt. Ach, Hadji, kannst Du es nicht ein klein wenig begreifen? Ich kann es nicht in Worte fassen. Es ist doch nicht, dass ich Dich nicht liebe. Ich liebe Dich doch. Ich liebe Dich. Wie sehr, kannst Du niemals ermessen.

Die ganze Sache ist eine scheußliche Tragödie, und ich erkenne nur zu deutlich, dass ich nie dazu getaugt habe, jemand so Vernünftigen, so Guten, so Lieben, so Klaren und Reinen zu heiraten wie Dich. Es war Dir gegenüber nicht gerecht. Aber wenigstens liebe ich Dich mit einer Liebe, die so tief ist, dass sie nicht durch eine andere, stürmischere Liebe auf einer ganz anderen Ebene entwurzelt werden kann.

Hadji, ich möchte Dich nicht verletzen, ich kann Dich

nicht *wirklich* verletzen, wenn ich Dir sage, dass ich Dich so unendlich liebe.

Anders als Vita annimmt, ist Harold sich überaus bewusst, dass er drauf und dran ist, seine Frau zu verlieren. Aber ihm fehlt jedes Talent zur Melodramatik, und seine Neigung, Dinge eher zu bagatellisieren und zu ironisieren, erweckt wohl den Eindruck, dass er die Probleme nicht ernst genug nimmt. So wirft er Vita vor, jedes Mal, wenn sie in Violets Hände fiele, würde sie zu einer »kokainsüchtigen Qualle«.

Was Vita anstelle von Harolds britischem Sarkasmus sucht, ist glühende, romantische Leidenschaft, die sie in ihrer Ehe offensichtlich nicht findet. Für Harold hatten seine Beziehungen zu ihm geistig ebenbürtigen Partnern nie die Besessenheit einer amour fou. *Sohn Nigel schreibt 1973 in seinem Buch* Porträt einer Ehe *über seinen Vater: »Das Geschlechtsleben war für ihn etwas Beiläufiges und Nebensächliches und bereitete etwa so viel Vergnügen wie der rasche Besuch einer Gemäldegalerie zwischen zwei Zügen.«*

Vita
Long Barn, 1. Februar 1920

Hadji, Hadji, mir ist einsam zumute, und ich habe Angst. In meinem Herzen ist so vieles, aber ich will es nicht hinschreiben, denn *à quoi bon*? Nur, wenn ich Du wäre und Du wärst ich, würde ich bis zum Letzten kämpfen, um

Dich zu behalten – zum Teil wohl, wie ich zugebe, weil ich nicht den Mut und die Zurückhaltung besäße, um es Dir nachzutun und nichts zu sagen. Ach, Hadji, der Grund, warum ich zuweilen versuche, Dich dazu zu bringen, gewisse Dinge zu sagen, etwa dass ich Dir fehlen würde und anderes dieser Art, ist doch, dass ich mich nach Waffen sehne, um mich selbst stark zu machen; und wenn Du solche Dinge sagst, dann bewahre ich sie wie einen Schatz, und in Augenblicken der Versuchung wiederhole ich sie mir und denke: »Es liegt ihm doch etwas daran, es würde ihm doch gegen den Strich gehen, du bist ihm unentbehrlich. Es lohnt die Mühe, dass du dich unglücklich machst, damit er glücklich bleibt«, und so weiter. Aber wenn Du Dinge sagst wie: dass ich Dir in Paris nicht fehle und dass Skandalgeschichten eine Rolle spielen, dann denke ich: Na ja, es ist eben doch nur wegen des Skandals und der Bequemlichkeit und vor allem, weil ich seine Frau bin, verfügbar und rechtmäßig – und wenn da nichts Persönlicheres als das ist, ist es dann wert, dass ich mir das Herz breche, um ihm nicht Glück, sondern lediglich Zufriedenheit zu schenken?

So angle ich und angle, und zuweilen fange ich eine hübsche kleine Forelle, aber nie den großen Lachs, der um sich schlägt und kämpft und mich überzeugt, dass er um sein Leben kämpft.

Weißt Du, Du kannst alles mit mir machen. Du kannst mein Herz wie niemand sonst berühren (…), und ich versuche, dass Du für Dich kämpfst, aber Du willst es nie. Du sagst einfach nur »Liebste Vita« und überlässt es mir, aus Deinem Schweigen heraus mir selbst meinen eigenen Schuldspruch zu erfinden.

Hadji, was Du nicht bemerkst, ist, dass ich sehr schwach bin und dass mein Leben im letzten Jahr einzig aus dem Widerstand gegen eine ernste Versuchung bestand. Und es war nur Deine Liebe, die mich gehalten hat. (...) Ich habe gekämpft, ich bin geblieben. Ich habe mich losgerissen und kam letzten Juni nach Paris. Das war einzig und allein aus Liebe zu Dir. (...)

Liebling, ich werde Dich lieben, bis ich sterbe, ich weiß, dass ich das werde.

Harold
Paris, 3. Februar 1920

Mein kleiner Liebling, ich habe gerade Deinen Brief bekommen – meine Allerliebste – er hat mich so sehr berührt. Da gibt es so viele Dinge, die schwierig zu erklären sind, aber zuallererst ist da eines, was ich klarstellen möchte.

Wann habe ich gesagt, dass Du mir in Paris nicht gefehlt hast? Liebste, Du fehlst mir die ganze Zeit. Ich nehme an, ich habe gesagt, Du fehlst mir in Paris nicht so sehr wie in England. Wenn ich das gesagt habe, dann meinte ich damit, dass ich eher wie ein Soldat wäre, der sagt, Du fehlst mir nicht im Schützengraben. Das wäre auch durchaus wahr – aber es würde nicht bedeuten, dass ich Dich nicht brauche und haben will. Ich will Dich immerfort, wo ich auch sein mag – und wenn ich Dich nicht wiedersehen sollte, so will ich mir lieber nicht ausmalen, wie meine

Verfassung sein würde. Es wäre eine Verzweiflung, wie man sie sich nicht vorstellen kann – eine Art von Winterabend in Aberdeen und ich in den Straßen ganz allein und nur ein Abstinenzler-Hotel zum Übernachten.

Und was meine generelle Haltung betrifft. Versteh doch, wie kann ich denn an Dich appellieren, außer durch Liebe? Ich kann doch nicht an Dein Mitleid appellieren, und das täte ich, wenn ich Dich sehen ließe, was ich fürchte und leide. Es wäre lächerlich, an Dein Pflichtgefühl zu appellieren – das ist doch alles dummes Zeug. Was bleibt mir also übrig, als an die Liebe zu appellieren – meine Liebe zu Dir und Deine für mich. Und wie soll dieser Appell denn etwas anderes zeigen als die Unfähigkeit, sich klar auszudrücken? Man hat doch nur die gebräuchliche Münze der englischen Sprache – so eine beschädigte Währung – und so hat es auf diese Weise meiner Liebe die Sprache verschlagen. Aber Du musst es fühlen und sehen – und alles, was Du getan und geopfert hast, zeigt, dass Du es gefühlt hast.

Ich weiß, dass Du manchmal denkst, ich würde mich, wenn Du mich verließest, in einem oder zwei Jahren schon wieder erholen und nicht unglücklich sein. Darin liegst Du völlig falsch. Du würdest mein Leben ruiniert haben – mein inneres Leben –, alles, was Du mir an Freude gegeben hast, würde sich in stinkende Leichen verwandeln. Es würde mir akut und auf Dauer etwas ausmachen. Es würde mein Herz vergiften und meinen Charakter ruinieren.

Wenn Du mich verließest, würde ich nie jemand anders

lieben. Das ist mir völlig klar. Ich wäre so einsam und allein, so schrecklich allein; es wäre sogar noch schlimmer, denn sogar meine Erinnerungen wären schmerzhaft.

Liebling, ich hasse den Gedanken, dass Du Angst hast. Vielleicht habe ich Dich für stärker gehalten, als Du bist. Deine Exzessivität und Deine Schonungslosigkeit haben mir den Eindruck von Stärke vermittelt. Ich habe selbst Angst bei dem Gedanken, Dich allein in Long Barn zu wissen. Kannst Du nicht herkommen? Ich werde Dich liebevoll umsorgen, meine Süße, und ich werde nicht zu beschäftigt sein und Dich jeden Tag allein lassen. (...)

Ich kann einfach nicht über mein tiefstes Innerstes sprechen – mir fehlen die Worte oder ich drücke es anders aus. Ich weiß, ich bin ein Dummkopf, ich schicke mich an, Dinge zu sagen, und dann kann ich sie nicht sagen. Es ist vor allem meine eigene Dummheit.

Aber, Liebling, wie liebe und begehre ich Dich: Liebling, ich denke alle fünf Minuten an Dich, und was für ein Schmerz wären diese Gedanken, wenn Du biestig zu mir wärst. Sogar dann könnte ich mir nicht vorstellen, dass Du mich absichtlich verletzt.

Was für ein hoffnungsloser Brief!

Hadji

Noch ein ganzes Jahr wird Vita hin und her gerissen sein zwischen der Geliebten und dem Ehemann. Sogar der sanftmütige Harold beginnt, ab und an seine diplomatische Fassung zu verlieren. Er wirft ihr vor, sie habe überhaupt keine Willenskraft, lasse alles geschehen und schreibe dann das Durcheinander, in das sie gerate, der »Konventionalität der Welt« zu. Nach einem dramatischen Fluchtversuch von Vita und Violet gelingt es Harold jedoch, seine Frau zur Umkehr zu bewegen. Sie hatte ihn brieflich über jeden ihrer Schritte auf dem Laufenden gehalten, eine eher schon unverblümte Aufforderung, doch bitte aufgehalten zu werden.

Diese turbulente Affäre war der härteste Prüfstein für ihre Liebe gewesen. Es sollte das einzige Mal in ihrer über fünfzig Jahre währenden Beziehung bleiben, dass ihre Liebe in Frage gestellt wurde. Eskapaden, Affären, amouröse Verwicklungen gab es noch viele, aber sie hatten ihren ganz eigenen modus vivendi *gefunden: einen nicht abreißenden Dialog in unbedingter Offenheit und Vertrautheit. Harold nannte es einmal »eine stabile, elastische Formel«, die es beiden leicht machte, »die Freuden der Liebe und des Lebens zu verdoppeln und ihre Kümmernisse zu halbieren«. Jeder gestand dem anderen völlige Freiheit in sexuellen Dingen zu. Er nannte es bei ihr »Dein Wirrwarr«, sie bei ihm »Dein Spaß«.*

Bemerkenswert ist die Gebrauchsanweisung, die Vita für Harold und den ehelichen Umgang mit ihr formuliert: »Mich lieben, was immer ich tue. Glauben, dass meine Beweggründe nicht kleinlich sind. Keinen Geschichten Glauben schenken, ohne meine eigene Version *gehört zu haben. Alles und jeden um meinetwillen aufgeben, wenn es letztlich darauf ankommt.«*

Diese Anleitung konnte ihm bald schon nützlich werden, denn Vitas nächste spektakuläre Liebesgeschichte kündigte sich an. Am 14. Dezember 1922 hatte sie bei einem Dinner von Clive Bell dessen Schwägerin Virginia Woolf kennengelernt. Virginia ist zu dem Zeitpunkt vierzig Jahre alt, hat drei Romane geschrieben und ist bereits eine anerkannte Schriftstellerin. Vita, die zehn Jahre Jüngere, hat mehrere Bände mit Gedichten und drei Romane veröffentlicht und gilt ebenfalls als etablierte Autorin.

Virginia Woolf hat ihre Eindrücke von diesem Abend ihrem Tagebuch anvertraut:

»Mein Kopf ist zu vernebelt, um etwas zustande zu bringen. Dies ist zum Teil auf das Dinner mit der ansprechend begabten aristokratischen Sackville-West gestern Abend bei Clive zurückzuführen. Nicht ganz exakt nach meinem Geschmack – blühend, schnurrbärtig, papageienbunt, mit der ganzen geschmeidigen Ungezwungenheit der Aristokratie, doch ohne den Geist der Künstlerin. Sie schreibt 15 Seiten pro Tag – hat eben wieder ein Buch beendet – kennt alle Welt. Werde ich sie indes je kennen? Das aristokratische Benehmen ähnelt dem der Schauspielerin – keine falsche Schüchternheit oder Bescheidenheit: Beim Dinner fiel ihr eine Schmuckperle in den Teller – sie schenkt sie Clive – bittet um Likör, ist völlig souverän, macht, dass ich mir wie eine Jungfrau vorkomme, schüchtern und schulmädchenhaft. Nach dem Dinner jedoch polterte ich Ansichten (über Kunst und Literatur) heraus. Sie ist ein Grenadier; hart, gut aussehend, männlich; neigt zum Doppelkinn.«

Nichtsdestotrotz diniert Virginia zusammen mit Clive Bell, dem bekannten Kunstkritiker und Ehemann von Virginias Schwester, der Malerin Vanessa Bell, vier Tage später in Vitas Londoner Stadtwohnung.

Vita
19. Dezember 1922

Ich bete Virginia an, und das würdest Du auch tun. Ihr Charme und ihre Persönlichkeit würden Dich zu Boden strecken. Es war eine gute Abendgesellschaft. (...) Mrs Woolf ist so einfach: Sie macht unbedingt den Eindruck von etwas Großem. Sie ist völlig ungekünstelt, ganz ohne äußere Verzierungen – sie zieht sich abscheulich an. Anfänglich hält man sie für unscheinbar; dann zwingt sich einem eine Art geistiger Schönheit auf, und man entdeckt eine gewisse Faszination darin, sie zu beobachten. Gestern Abend war sie etwas eleganter; das heißt, statt der orangefarbenden Wollstrümpfe trug sie gelbseidene, aber sie hatte wieder ihre Schnürschuhe an. Sie ist sowohl distanziert wie menschlich, schweigt, bis sie etwas sagen will, und sagt es dann unübertrefflich gut. Sie ist ziemlich alt. Ich bin selten von jemand so eingenommen gewesen, und ich glaube, sie hat mich gern. Zumindest hat sie mich nach Richmond eingeladen, wo sie wohnt. Liebster, ich habe richtig mein Herz verloren.

Trotz dieser Schwärmereien kommt die kaum begonnene Freundschaft zu einem vorläufigen Ende. Harold und Vita wurden in den illustren »Bloomsbury«-Kreis eingeladen, der legendären Gruppe von Künstlern und Intellektuellen, die großen Einfluss auf das kulturelle Leben ihrer Zeit hatten. Virginia und ihr Mann Leonard Woolf gehörten zum inner circle. *Die Nicolsons konnten in diesem Kreis jedoch nicht reüssieren, man hielt sie schlicht für banal. Ein Jahr später war es Vita, die vorsichtig wieder an diese Kontakte anknüpfte. Aber erst im Laufe des Jahres 1925, Harold war auf einen Posten nach Teheran versetzt worden, entwickelte sich die Freundschaft zwischen Vita und Virginia Woolf zu einer intimen Beziehung.*

Vita

Long Barn, 17. Dezember 1925

Sie ist eine hervorragende Gefährtin, und ich liebe sie von ganzem Herzen. Bis zum Lunch muss sie im Bett bleiben, da sie noch längst nicht gesund ist, und sie muss eine Menge schreiben. (…)

Die Tauben gurren. Es ist Mitternacht. Das Gurren der Tauben lässt mich immer an Dich denken, weil Du sie so liebst, weil sie so zum Cottage gehören.

Bitte denke nicht, dass

a) ich mich in Virginia verlieben werde,

b) Virginia sich in mich verlieben wird,

c) Leonard sich in mich verlieben wird,

d) ich mich in Leonard verlieben werde.

Denn dem ist nicht so. Ich weiß nur, dass mein törichter Hadji sich sagen wird: »*Allons bon!*«, wenn er hört, dass Virginia hier ist, und »*Ça y est*« und so fort. Ich vermisse Dich schrecklich. Ich vermisse Dich besonders, weil Virginia so sehr lieb und verständnisvoll über Dich gesprochen hat.

Oh Liebling, ich liebe dich SO SCHRECKLICH. Es wird überhaupt nicht besser mit der Zeit. Ich hoffte, es würde es, aber es tut es nicht.

Das klingt sehr nach einem Beschwichtigungsversuch, dem Vita am Tag darauf gleich den nächsten folgen lässt:

»Ich glaube, sie ist einer der geistig erregendsten Menschen, die ich kenne. (…) In diesen zwei Tagen haben wir uns Hals über Kopf miteinander angefreundet. Ich liebe sie, aber ich könnte mich nicht in sie ›verlieben‹, also werde nicht nervös.«

Harold aber war *nervös, auch wenn er es, wie gewohnt, hinter geschmeidig ironischen Bemerkungen zu verstecken suchte.*

Harold
Teheran, 8. Januar 1926

Ich mache mir eigentlich keine Gedanken wegen Virginia und glaube, dass ihr wahrscheinlich sehr gut füreinander seid. Ich habe nur das Gefühl, dass Du nicht gerade *la main heureuse* hast, wenn es sich um Ehepaare handelt.

Wenigstens für das nächste halbe Jahr wird diesem Problem die Brisanz genommen. Vita besucht ihren Mann in Teheran. Sie fährt von Bagdad aus im Auto quer durch die Wüste, um Harold in einem Dorf an der persischen Grenze zu treffen. Sie genießt die Exotik des Orients und das Zusammensein mit Harold, auch wenn sie gleichzeitig schwärmerische Liebesbriefe an Virginia schreibt. Im Mai macht sie sich auf den Rückweg. Da sie beschlossen hatte, über Russland heimzureisen, begleitet Harold sie zu einem nordpersischen Hafen in der Nähe von Resht am Kaspischen Meer, von wo aus Vita dann nach Baku übersetzt.

Harold
Erst Resht, dann Teheran, 7. Mai 1926

Als ich Deine Schlafzimmertür in Resht hinter mir geschlossen hatte, stand ich einen Augenblick lang auf dem Treppenabsatz, ganz schwindelig vor Qual, und das ganze Haus schwankte und wackelte hin und her. Ich hielt mich mit größter Anstrengung davon ab, wieder in Dein Zimmer zu stürzen. Ich ging die Treppe hinab in den Garten und blickte zurück auf Dein Fenster. Ich verlangte danach, zu rufen: »Vita, Vita, ich kann es nicht aushalten!« (…)

Ich fand Deine Pelzmütze in meinem Schrank. Ich warf

mich aufs Bett in einer solchen Schmerzensqual, wie ich sie noch nie erlebt habe. Ich ging im Dunkeln auf und ab und sagte immer nur »Vita, Vita, Vita, Vita!«, und die Tränen tropften auf den dunklen Fußboden. Ich meinte, das sei einfach nicht auszuhalten. So unglücklich kann man doch einfach nicht sein. Heute Morgen brach ich völlig zusammen. Ich stand am Fenster mit dem Rücken zu Raymond. Er sagte: »Ich würde meinen Kopf dafür geben, in meinem Leben eine solche Liebe zu besitzen, wie Du und Vita sie habt.« Das tröstet mich. Ach, meine Liebste, wir können das nicht noch einmal durchmachen. Es ist verrückt, einander solches Leid zuzufügen.

Vita
Resht, 6. Mai 1926

Ich hörte, wie der Wagen nach einer anscheinend endlosen Pause startete, und dann hörte ich ihn lange Zeit durch die Straßen heulen. Ach, mein Liebster, möge Gott Dich davor bewahren, dass Dir etwas zustößt. Das Leben ist leer und lautlos. Mir ist vor Schmerz ganz betrunken zumute. Nie, nie, nie wieder. Ich kann es nicht ertragen, und wenn die Vorsehung mir verzeiht, dass ich sie in Versuchung geführt habe, und mir erlaubt, wieder mit Dir zusammen zu sein, so werden wir einander nicht wieder verlassen. Es gibt in der ganzen Welt niemand, der für mich überhaupt zählt, außer Dir, und es wird nie jemand geben. Ich kann einfach nicht ohne Dich leben.

Vita
Im Zug Moskau–Warschau, 13. Mai 1926

Mein Eindruck von Russland war der eines Landes in panischer Angst. Jeder fürchtet, abgehört zu werden; jeder schaut lauernd und furchtsam drein. Alle Leute auf der Dinnerparty in der Botschaft sagten zu mir, einer nach dem anderen und nicht etwa, weil ich sie dazu genötigt hätte: »Wissen Sie, das Leben ist schrecklich hier. Man weiß nie, wer als Nächstes verschwindet.« Es gibt jeden Tag Festnahmen. Wenn sie gegen jemanden keine politische Anschuldigung erheben können oder wollen, stecken sie ihm Falschgeld in die Taschen und werfen ihn dann deswegen ins Gefängnis.

Die Russen verkehren kaum mit Ausländern. Baku war ganz anders – fröhlich und lebhaft –, aber Moskau ist furchtbar. An den Straßenecken sieht man verzweifelte Menschen sitzen oder stehen. Und doch sagen sie, es sei besser als vor einem oder zwei Jahren.

Polnische Grenze, eine schöne Bescherung. In Polen ist Revolution, und kein Zug kann Warschau passieren. So werden wir über Krakau und Prag, andere sagen über Königsberg, umgeleitet. Die Auskünfte sind äußerst vage. Auf alle Fälle bedeutet es eine Riesenverspätung. Nun ja, dafür sehe ich die Welt. In meinem Abteil sind zwei nette Deutsche. Ich entdeckte, dass man wunderbar persisch sprechen kann, indem man versucht, deutsch zu sprechen. Ich fühle mich wie ein heimatloses Kind und frage mich, wo ich heute Nacht schlafen werde. (...)

Der Zug hielt mit einem Ruck in Bialystock, einer kleinen Eisenbahnkreuzung irgendwo in Polen. (...) Zusammen mit zehn anderen Leuten bildeten wir eine Gruppe, die das Ziel hatte, zu der am nächstgelegenen deutschen Grenze zu kommen: sieben Deutsche, ein Russe und zwei Österreicher – darunter eine junge Frau mit kurzen blonden Haaren. Wir stiegen alle aus und aßen fröhlich Wiener Schnitzel am Bahnhofsbuffet, nicht wissend, wann wir unsere nächste Mahlzeit bekommen würden. Dann kam ein kleiner Zug, und wir fuhren weiter mäandernd durch Polen, sahen Besatzungstruppen auf jeder Bahnstation und kamen schließlich im Dunkeln in Grajewo an, das an der deutschen Grenze liegt. Diese Nacht ging von dort kein Zug mehr, und es war fraglich, ob es am nächsten Tag welche geben würde. Wie sollten wir die Stunden von 8 bis 12 in Grajewo verbringen? (...) Wir kamen an einem kleinen Schuppen vorbei, über dessen Tür »Restaurant« stand. Wir gingen hinein. Wir befanden uns in einem kleinen engen Raum, mit einer kolorierten Lithographie des *Angelus* von Millais und einem Farbdruck von einem russischen Schlitten, der im Schnee von Wölfen angehalten wird; außerdem Steinbockgehörne, Adler und andere Trophäen. An einem kleinen Tisch neben der Tür tranken einige polnische Polizisten. Es war alles sehr slawisch. Wir zehn saßen an einem langen schmalen Tisch, wie beim Letzten Abendmahl. Wir waren alle müde und trübsinnig. Dann erschien wie von Zauberhand eine Flasche Wodka. Die Zungen lösten sich. Ein Deutscher lehnte sich über den Tisch und sagte plötzlich zu mir: »Ich bin mit Singer-Nähmaschinen hunderttausend Kilometer durch die Mandschurei gereist.« Sein Gepäck war wirklich mit chinesischen Aufklebern gepflastert. Die goldhaarige Österreicherin, die auf ihren Armen am Tisch geschlafen hatte, wachte auf, trank sechs Gläser Wodka hintereinander und begann zu tanzen, während einer der polnischen Polizisten einen Csárdás auf dem Kneipenklavier spielte. Alle möglichen Sprachen flogen durch den Raum – Russisch, Polnisch, Deutsch, Englisch, Chinesisch. Jeder wollte vor dem anderen angeben. Sie fragten mich, was »Guten Tag« auf Persisch hieße, und das vertraute *Salaam aleikem* kam als Echo von ungewohnten Stimmen. Der Wodka wurde großzügig ausgeschenkt, und alle wurden sehr betrunken. Jemand spielte *An der schönen blauen Donau* auf dem Klavier. Die zwei Österreicher liebten sich in aller Öffentlichkeit. Dann schwankten alle beschwingt auf die Dorfstraße. Dort dampfte gerade unser Zug in den Bahnhof. Wir stiegen ein und fuhren ab. Sie stimmten lauthals »Deutschland über alles« an; dann blickten sie plötzlich zu mir und sagten, sie hofften, dass es mir nichts ausmachte. Die siegreiche Nation sagte, dass es ihr nicht das Geringste ausmachen würde. Und so kamen wir nach Deutschland.

Zurück in England, wartete Virginia auf sie. Nach der spielerisch-literarischen Intimität der Briefe war das Wiedersehen zunächst einmal von einer leichten Verlegenheit bestimmt, die sich aber bald wieder verlor.

Während eines Besuchs in Rodmell, dem Landhäuschen der Woolfs, schreibt Vita am 13. Juni 1926 an Harold:

Ich bin, wie Du ersehen kannst, bei Virginia. Sie sitzt mir gegenüber, stickt eine Rose, einen schwarzen Spitzenfächer, eine Streichholzschachtel und vier Spielkarten auf einen malvenfarbenen Stramin, nach einem Entwurf ihrer Schwester, und von Zeit zu Zeit sagt sie: »Du hast genug geschrieben, lass uns jetzt über Beischlaf reden«; wenn dieser Brief also aus den Fugen gerät, ist es ihre Schuld und nicht die meine.

Kein Wunder, dass bei Harold die Alarmglocken schrillen. Immer wieder erkundigt er sich besorgt, ob Virginia auch ganz bestimmt »kein Wirrwarr«, sprich bedrohliches Gefühlschaos, bedeute. Vita ist bemüht, ihm das Gegenteil zu versichern, aber Harold fällt es offensichtlich schwer, das zu glauben. Er schreibt an Vita, wie er ihre Beziehung zu Virginia einschätzt: »als rauchte man über einem Benzintank«.

Vita ist sich nun offenbar selbst nicht mehr ganz sicher, wie sie mit den Geistern, die sie geweckt hat, umgehen soll.

Vita
Long Barn, 17. August 1926

Liebling, es gibt überhaupt kein Wirrwarr, nirgends! Ich sage es Dir doch immer wieder. PADLOCK.[3] Und padlock, dass ich es Dir sagen würde, wenn es einen gäbe. Du erwähnst Virginia: Es ist einfach lachhaft. Ich liebe Virginia, und wer täte das nicht? Aber wirklich, mein Liebster, die Liebe, die man für Virginia empfindet, ist etwas sehr anderes: etwas Geistiges, etwas Vergeistigtes, wenn Du willst, etwas Intellektuelles, und sie ruft ein Gefühl der Zärtlichkeit wach; ich glaube, wegen ihrer komischen Mischung aus Härte und Weichheit – der Härte ihres Verstandes und ihrem Grauen davor, wieder geisteskrank zu werden. Ich fühle mich ihr gegenüber als Beschützerin. Außerdem liebt sie mich, was mir schmeichelt und mich freut. Außerdem – weil ich nun schon einmal dabei bin, Dir von Virginia zu erzählen, aber das ist alles absolut padlock, habe ich eine Todesangst davor, körperliche Gefühle in ihr zu wecken, wegen der Geisteskrankheit. Ich weiß nicht, welche Wirkung es haben würde, verstehst Du; und das ist ein Feuer, mit dem ich nicht spielen möchte. Nein, vielen Dank. Ich habe zu viel echte Zuneigung und Respekt. Außerdem war sie nie mit jemand zusammen außer mit Leonard, was ein schrecklicher Fehlschlag war und sehr bald aufgegeben wurde. Überdies, was mich betrifft, *ça ne me dit rien* (mir bedeutet das nichts); und *ça lui dit trop* (ihr bedeutet das zu viel); und ich will nicht in eine Affäre hineingeraten, die mir außer Kontrolle geraten könnte, ehe ich's mich versehe. Du siehst also, ich bin auf der Hut – obwohl ich wahrscheinlich weniger auf der Hut wäre, wenn ich stärker in Versuchung wäre, was immerhin ehrlich ist! Aber, Liebling, Virginia ist nicht der Mensch, an den man auf diese Art denkt; es ist etwas Unangemessenes, fast Unanständiges in der Vorstellung. (…)

Ich *bin* mit ihr ins Bett gegangen (zwei Mal), aber das war's. Jetzt weißt Du alles darüber, und ich hoffe, ich habe Dich nicht schockiert. (…)

Eine klarsichtige Analyse, die nahelegt, dass Virginia für Vita weniger erotische Anziehungskraft besitzt, als es umgekehrt der Fall ist, was auch Virginias eigene Briefe an Vita verraten. Außerdem ist Vita gleichzeitig schon wieder in diverse andere amouröse Abenteuer verstrickt. Ihren tiefen Gefühlen für Virginia tut das aber keinen Abbruch.

Vita

Long Barn, 30. November 1926

Ich bin allein. Es ist sehr kalt und nass. Virginia kommt am Wochenende. Liebling, ich weiß, dass Virginia sterben wird, und das wird furchtbar sein. (Ich meine nicht *hier*, übers Wochenende, aber sie wird jung sterben.) Gestern ging ich nach Tavistock Square, und sie saß in der Abenddämmerung beim Schein des Kaminfeuers, und ich saß auf dem Fußboden, wie ich es immer tue, und sie fuhr mir durchs Haar, wie sie's immer tut, (…) und dann sagte sie,

Du würdest Dich nächsten Sommer über sie ärgern, weil sie Dir im Weg sein werde. Aber ich sagte, nein, das würdest Du nicht. (...) Oh Hadji, sie *ist* ein Engel; ich bete sie wirklich an. Nicht »verliebt« – einfach Liebe – Verehrung und Hingabe. Ich weiß nicht, ob es Dich stört, dass ich so oft über sie schreibe? Man muss bei dieser Entfernung so vorsichtig sein. Aber Hadji sollte wirklich nicht ärgerlich darüber sein, denn ihre Freundschaft bereichert mich so, und sie ist so völlig un-verrückt. Ich sehne mich danach, dass Du sie besser kennenlernst. Ich glaube, in diesem freundschaftlichen Sinne habe ich noch nie jemanden so sehr geliebt.

Harold
Teheran, 17. Dezember 1926

Nein, mein Herz – es macht mich nicht ärgerlich, dass Du so viel über Virginia sprichst. Von Deinem Standpunkt aus weiß ich, dass die Freundschaft nur bereichernd sein kann. Ich bin natürlich etwas ängstlich, was ihre Seite betrifft, weil ich nicht anders kann, als zu fühlen, dass ihre Stabilität und ihr Gleichgewicht auf einer ziemlich unsicheren Basis ruhen. (...) Ich weiß, dass es Dir moralisch und geistig wohltut, mit ihr zusammen zu sein und von ihr geliebt zu werden, und das allein zählt. Ich glaube, dass ihr beide einander sehr verwandt seid – die Vermählung treuer Geister, der Hindernisse in den Weg zu stellen ich mir nicht erlauben werde. Und was *meine* Beziehung zu Virginia betrifft – ich werde nie vergessen, wie freundlich sie zu mir war, als ich unter Lytton Stracheys Unverschämtheiten litt. Es gab gar keinen Grund dafür, nett zu mir zu sein, außer dass sie sah, wie durcheinander und tief verletzt ich war. Auf dem Grunde meiner Furcht vor ihr schimmert also ein kleiner weißer Stein der Dankbarkeit. Der durch die Tatsache, dass sie Dich liebt, nur größer werden kann.

Im Januar 1927 reist Vita ein zweites Mal zu Harold nach Persien. Im Mai kommen sie gemeinsam nach England zurück. Für Vita ist es ein harter Schlag, als Harold im Oktober als zweiter Mann an die britische Botschaft nach Berlin versetzt wird. Sie stürzt sich in diverse neue Affären, während Virginia in der Arbeit zu ihrem Roman Orlando *versinkt. Die Titelfigur ist von Vita inspiriert, und Virginia Woolf setzt damit der Geliebten ein einzigartiges literarisches Denkmal.*

Die Briefe, die Harold während seiner zwei Jahre in Deutschland an seine Frau schreibt, sind kleine Perlen sehr persönlicher Zeitgeschichtsschreibung. Von seiner Perspektive hinter den Kulissen aus gelingen ihm hellsichtige Einschätzungen und prägnante Beobachtungen.

Harold
Berlin, 28. Juni 1928

Gestern war ich zum Lunch bei Präsident von Hindenburg. Es war ganz lustig. Der Botschafter fuhr voraus, weil er wegen seines Beglaubigungsschreibens persönlich empfangen wurde. Lady Lindsay [die Frau des englischen Botschafters] und ich folgten um ein Uhr. An der Tür empfing uns Hindenburgs Sohn, umgeben von etwa sechs Dienern und einem Mann mit großem Dreispitz und silbernem Stab. Von ihnen geleitet, stiegen wir nach oben. Dort stand an der Treppe wieder ein Mann mit einem silbernen Stab. Als wir den Absatz erreichten, stieß er den Stock auf. Klack! Wie durch Zauberkraft öffnete sich vor uns eine große Doppeltür. In einem Salon stand eine Gruppe von Gestalten. Wir gingen auf sie zu. Der Präsident kam uns entgegen. Er küsste Lady Lindsay die Hand, die meine schüttelte er herzlich. Plötzlich klopfte der Mann mit dem Stab wieder auf den Fußboden. Der Sieger von Tannenberg[4] ging auf Lady Lindsay zu und machte sich, ihren Arm in seinem, sehr langsam auf den Weg zum Speisesaal. Wir folgten ihnen. Ich saß gegenüber vom Präsidenten und zwischen der Frau des Kanzlers und der Frau des Hofmarschalls des Reichspräsidenten. Wir redeten Deutsch. »Was für schöne Rosen haben Sie hier in Berlin!« »Ja – es sind schöne Rosen.« Und so weiter. Der Präsident ist ein lieber alter Kerl; er hat die Angewohnheit, seine Augenbrauen hochzuziehen und wie ein Schuljunge zu lachen: Er redet sehr schlicht, fast jungenhaft, und unbekümmert pfiffig. Für sein Alter ist er großartig – weder taub noch blind. Es wundert mich nicht, dass ihn alle verehren. Nach dem Lunch saßen wir um einen Tisch und tranken Kaffee. Diesmal saß ich neben Hindenburg. Er sprach über Vater[5] und fragte, wo ich Deutsch gelernt hatte, und erzählte, wie in seiner Kinderzeit in Hannover noch viele englische Ausdrücke gebräuchlich waren, und wie er mit dem ersten Zeppelin aufgestiegen war. Ein prächtiger alter Mann, ich wünschte, Du wärst hier gewesen.

Harold
Köln, 15. März 1929

Nachdem ich Dir gestern geschrieben hatte, besuchte ich den Oberbürgermeister. Er heißt Adenauer und ist im heutigen Deutschland eine recht beachtliche Erscheinung. Es gibt Leute, die meinen, wenn der Parlamentarismus in Berlin wirklich versagte, würde man Adenauer rufen, damit er eine Art *fascismo* einführe. Gegenwärtig regiert er Köln mit eiserner Faust; Dinge wie die neue Rheinbrücke und die Presseausstellung sind ihm zu verdanken. Als ich hinkam, herrschte um sein Zimmer einiger Wirbel. Sekretäre flitzten umher, Leute öffneten die Tür, schielten hinein und machten sie rasch wieder zu. Man bat mich, Platz zu nehmen, während es klingelte, Leute hereinstürzten, miteinander flüsterten und dann wieder hinauseilten. Ich weiß jetzt noch nicht, was los war; aber der Kontrast zwischen dem Hasten und Flüstern draußen und der jähen Stille seines großen Arbeitszimmers war höchst eindrucksvoll. Der seltsame Mongole mit seinen schlauen Augen im gelben Gesicht saß mit dem Rücken zum Fenster, sprach sehr langsam und höflich, drückte sehr langsam auf Klingelknöpfe – »Würden Sie Dr. Pietri bitten, herzukommen« – und fuhr mit eisiger Höflichkeit den verschreckten Dr. Pietri an, als er dann erschien: ganz und gar die Art eines Diktators. Es ist keine Art, die mir zusagt, aber es ist eine Art, die man, hat man sie einmal gesehen, nie wieder vergisst.

Harold
Im Zug München–Berlin, 17. März 1929

Heute Nacht bin ich in Panik ausgebrochen wegen meiner Gesundheit. Es geschah folgendermaßen. Ich schaute bei Thomas Mann vorbei. Er hatte mich gebeten, ihn zu besuchen, da er nicht zu meinem Vortrag kommen konnte, und so hat er mich sehr freundlich auf einen Tee zu sich gebeten. Also ging ich hin. Er war allein. Er sprach darüber, wie schön das Leben sei, wie höflich man zu ihm im P.E.N. Club gewesen sei und wie sehr er Galsworthy bewundere. Und ich, schniefend, aber an Leben und Tod interessiert, fragte ihn, wie lange er als Schriftsteller brauche, um eine Erkältung loszuwerden. Er sagte, drei Tage kommt sie, drei Tage leidet man und drei Tage geht sie. Ich rechnete schnell und fand raus, dass das neun oder zehn Tage machte, fünf Tage weniger als meine gegenwärtige Erkältung. Ich war alarmiert. Meine Erkältung war keine Erkältung, es war eine Lungenentzündung. Eine Welle der Angst überflutete mich. (…) Fieberhaft unterhielt ich mich mit Thomas Mann über die jüngere Generation Englands, und als ich das nächste Mal in den Spiegel schaute, war mein Gesicht gerötet. »Fieber«, ich bebte, »hohes Fieber.« So verabschiedete ich mich von Thomas Mann. Es tat mir leid, ihn so zu verlassen, in dem Bewusstsein, dass er der Letzte war, den ich auf Erden sehen sollte. Aber ich sagte Gute Nacht.

Thomas Mann dürfte für dieses Verhalten höchstes Verständnis gehabt haben. Seine eigene Hypochondrie wurde von der Harold Nicolsons kaum übertroffen.

Vita hasste nach wie vor den diplomatischen Dienst, und besonders hasste sie Berlin und Abschiede.

Vita
Long Barn, 25. Juni 1929

Was mich so peinigt, wenn ich Dich auf diesen Londoner Bahnhöfen verlasse und wegfahre, ist das Bewusstsein, dass Du noch da bist – dass ich eine halbe oder Dreiviertelstunde lang umkehren und Dich noch antreffen könnte, hinter Dich treten, Dich am Ellbogen fassen und sagen könnte: »Hadji.«

Ich bin gleich heimgefahren, fühlte mich schrecklich verlassen und traurig, als ich die vertraute und trostlose Straße entlangfuhr. Ich dachte an Resht und an unseren Abschied dort; an unsere Trennung auf dem Victoria-Bahnhof, als Du nach Persien fuhrst – bis unser Leben nur noch aus Abschieden zu bestehen schien und ich mich fragte, wie lange das noch dauern werde. (…)

Dann kam ich heim, und das war überhaupt kein Trost. Weißt Du, wenn ich aus andern Gründen unglücklich bin, so ist das Haus ein wahrer Trost für mich; wenn ich aber Deinetwegen unglücklich bin, weil Du fortgegangen bist, dann bedeutet es einen zusätzlichen Schmerz. Es ist derselbe Ort, doch weben darin eine Art Spott und Leere. (…)

Immerhin wirst Du sagen, es sei schlimmer für Dich, der in eine grässliche fremde Stadt zurückkehren muss, während ich an dem Ort bleibe, den wir beide so lieben. Aber es ist wirklich kein Trost, Hadji, es ist wirklich kein Trost, in ein Haus voller Kaffeetassen zurückzukehren – auf der Terrasse war noch der Deckel einer Pappschachtel voll von Deinen Rosenblättern.

Du bist für mich wichtiger, als irgendjemand es je gewesen war oder je sein könnte. Wenn Du stürbest, würde ich mich umbringen, sobald ich Vorsorge für die Jungs getroffen hätte. Das meine ich ernst. Ich könnte ohne Dich nicht leben. Ich kann mir nicht denken, dass jemand eine Liebe empfinden kann, die ausschließlicher, zärtlicher und reiner ist als meine zu Dir. Sie ist – *jetzt* – völlig losgelöst von körperlicher Liebe, von Sex. Ich halte sie für unsterblich. Ich vermute, jeder, der sich verliebt, empfindet so. Aber wenn man sich verliebt, ist alles vermischt mit physischem Verlangen, dem irreführendsten menschlichen Gefühl. Dies berührt meine Liebe zu Dir überhaupt nicht. Ich fühle einfach, dass Du ich bist und ich bin Du.

Liebling, es gibt nicht viele Menschen, die nach fast sechzehn Jahren Ehe einen solchen Liebesbrief schreiben würden. Aber Du weißt nicht nur, dass jedes Wort wahr ist, sondern dass es nur ein blasser Abklatsch der echten Wahrheit ist – ich könnte nicht übertreiben, sosehr ich es versuchte. Ich versuche manchmal, Dir die Wahrheit zu schildern, und dann empfinde ich, dass ich keine Worte zur Verfügung habe, die sie Dir vermitteln könnten.

Eine schwierige Situation für Harold. Einerseits hat er eine glänzende Zukunft im auswärtigen Dienst vor sich und träumt von einem Posten als Botschafter. Andererseits weiß er, dass eine solche Karriere nur gegen heftigsten Widerstand von Vita zu realisieren wäre. Auch ihm setzen die häufigen Trennungen zu. Da erreicht ihn das Angebot des englischen Pressezars Lord Beaverbrook, beim Londoner Evening Standard *zu arbeiten. Er soll dort eine tägliche Seite zu gesellschaftlichen, politischen und literarischen Themen verantworten. Nach einigem Zögern quittiert er den diplomatischen Dienst und akzeptiert das Angebot. Außerdem übernimmt er eine wöchentliche Sendung in der BBC und schreibt Buchkritiken für den* Daily Express. *Den Zeitungsjob, den er banal und würdelos findet, gibt er schnell wieder auf. Harold schließt sich Sir Oswald Mosleys konservativer New Party an. Er gibt die Parteizeitung heraus, tritt aber zurück, als der Hitler-Bewunderer Mosley die British Union of Fascists gründet. Nach Biographien über die Dichter Verlaine, Tennyson und Byron veröffentlicht er ein historisches Buch über die Pariser Konferenz und den Versailler Vertrag mit dem Titel* Peacemaking, 1919.

Vita hat inzwischen zwei Bestseller geschrieben: die

Romane The Edwardians *(deutsch* Schloss Chevron) *und* All Passion Spent (Erloschenes Feuer*). Diese Erfolge ermöglichen es, das verfallene Schloss Sissinghurst in der Grafschaft Kent zu erwerben, wo sie 1932 einziehen.*

Harold
London, King's Bench Walk, 24. April 1930

Gut, meine Ansicht ist:

a) dass es höchst unklug ist, Sissinghurst zu erwerben. Es kostet uns 12 000 Pfund, und die Instandsetzung wird weitere 15 000 Pfund kosten. Das sind fast 30 000 Pfund, bevor wir damit durch sind. Für 30 000 Pfund könnten wir ein schönes Haus komplett mit Park, Garage, Heißwasserversorgung, Zentralheizung, historischer Bedeutung und zwei Torhäusern rechts und links erwerben;
b) dass es überaus klug von uns ist, Sissinghurst zu kaufen. In seinen Adern fließt das Blut der Sackville-Dynastie. Gewiss, das läuft über die weibliche Linie – aber wir sind ja beide Frauenrechtler, und Knole wurde schließlich auf die gleiche Art erworben. Für Dich ist es ein alter Familiensitz, und das wiegt die Wasserleitung und die Warmwasserversorgung auf.
c) Es liegt in Kent. Es liegt in dem Teil von Kent, den wir mögen. Es ist in sich abgeschlossen. Ich könnte einen See anlegen.
Die Jungs könnten reiten.
d) Es gefällt uns.

Sissinghurst ist mehr oder weniger eine romantische Ruine. Es gibt kein einziges bewohnbares Zimmer. Vita schreibt ein Buch nach dem anderen, um Geld für den Ausbau zu verdienen – und für die Anlage ihres Gartens. Sie pflanzt nach Harolds landschaftsarchitektonischen Entwürfen, was nicht immer ohne Konflikte abläuft, wie Harold seinem Tagebuch anvertraut: »Versuche die Perspektive des Gemüsegartens durch Verlängerung der gepflasterten Pfade zu erweitern, stoße aber auf Artischocken und Vitas Entrüstung. Danach betrübt auf dem Rasen Unkraut gejätet. Wir haben eine Diskussion über die Rechte der Frauen.«

Zur Entspannung stürzt sich Vita in neue Liebesaffären.

Harold ist unter der Woche in London, wenn er nicht zu diversen Anlässen im Ausland weilt. Er vermisst seine Arbeit als Berufsdiplomat und bereut offensichtlich seine Demission.

Harold
Hotel Prinz Albrecht, Berlin, 25. Januar 1932

Letzte Nacht dinierte ich in der Botschaft. Ein riesiges Bankett. Der päpstliche Legat in Scharlachrot und der neue französische Botschafter mit einem eingebildeten Kopfnicken. Dazu die üblichen Insignien eines diplomatischen Dinners. Die alte Friedländer war da. Sie trug ein Hemdkleid ohne jeden Schick – nichts von den Smaragden und Diamanten der Vergangenheit. Sie hat Angst vor

Hitler, der gesagt hat, dass er alle Juden loswerden will, wenn er an die Macht kommt. Was Jüdinnen einschließt. Sehr beunruhigend.

Ich wurde von meinen Exkollegen herzlich willkommen geheißen. Ich saß da, schaute durch die goldenen Kandelaber den Tisch entlang auf die Hemdbrüste mit den Ordensbändern. Gut (...) ich sage mir immer wieder, dass ich, wäre ich im diplomatischen Dienst geblieben, nun Minister in Montevideo sein könnte und keineswegs zufrieden wäre. Doch ich kann die Tatsache nicht verdrängen, dass ich, als ich das letzte Mal an dem Tisch saß, eine wichtige Persönlichkeit war. Und nun habe ich die einstige Reputation voll und ganz verloren. Mein eigener Fehler – und ich gestehe mir ein, er ist nicht wiedergutzumachen. Aber ich habe mich während der letzten zwei Jahre zum Narren gemacht. Leichtsinnig von mir. Ich hatte zu viele Eisen im Feuer. Ich war zu voreilig.

1935 wird Harold als Abgeordneter der National Labour Party ins Parlament gewählt. Seine Weitsicht, sein untrüglicher scharfer Blick, sein politisches Gespür und seine völlige Unkorrumpierbarkeit verhelfen ihm zwar zu keiner rasanten Karriere – dazu ist er zu wenig machtbewusst und hasst parteipolitische Kungeleien. Doch machen ihn all diese Eigenschaften zu einem hoch angesehenen und beliebten Mitglied des Unterhauses.

Das vorherrschende Thema im Parlament ist zu dieser Zeit die Liaison von König Edward VIII. mit Wallis Simpson, einer geschiedenen Amerikanerin.

Harold

Unterhaus, 5. November 1936

Alle Gespräche kreisten wie üblich um Mrs Simpson. Eine der extremen Ansichten ist, dass das Kabinett einen Gangster anheuern sollte, um sie zu ermorden. Ich erachte diese Ansicht als zu extrem. Aber zweifellos fürchten sie seine Heirat und dass es vielleicht zur Revolution kommt, wenn sie stattfände. Das vorherrschende Gefühl ist die Wut darüber, dass diese hohlköpfige, zweimal geschiedene Amerikanerin in der Lage ist, dieses große Empire an den Rand einer sehr heftigen Krise zu bringen. Aus meiner Sicht ist sie eher zu bedauern, und ich gebe ihm die Schuld. Wie kann jemand von einem Mädchen aus Baltimore erwarten, dass es sich der Folgen seines Handelns bewusst ist? Sybil[6] erzählte mir, dass sich Mrs Simpson sehr darüber aufregt und dass ihr von der königlichen Familie eisige Gefühle entgegengebracht werden. Sie wird nicht nur das Empire spalten, sondern sie wird ihren David [den König] gegen seine Brüder und seine Mutter aufbringen. Was für ein Durcheinander.

Von einem Essen mit Sir Alan Lascelles, genannt »Tommy«, dem ehemaligen Privatsekretär des Prince of Wales, berichtet Harold im nächsten Brief.

Harold
London, House of Commons, 15. Dezember 1936

Ich war mit Tommy im Club zum Lunch. Er war so erleichtert über den Sturz seines Herrn, dass er ziemlich indiskret war. Er sagte, dass es früher oder später zu einem Unheil kommen musste. Er vermutet, dass der König und Mrs S. Pläne geschmiedet hatten, letzten Februar zusammen wegzulaufen, und dass nur der Tod von König George das vereitelt hat. Er sagt, der König [Edward VIII.] sei wie das Kind im Märchen, das alle Gaben hat, außer einer Seele. Er sagt, da war nichts in ihm, das die intellektuellen und spirituellen Seiten des Lebens verstehen könnte. Jegliche Kunst, Musik, Dichtung etc. waren für ihn wie tot. Sogar Natur bedeutete ihm nichts. Er hatte keine Freunde in diesem Land, niemanden, den er, wie er sagte, »gerne jemals wiedersehen würde«. Er nannte alle angesehenen Leute »Victorians« und alle gebildeten Leute hochgestochen. Als er die Nachfolge antrat, drückte er sich ganz fürchterlich vor seinen Pflichten. Die Privatsekretäre hatten eine teuflische Zeit. Er verschwand jeden Donnerstag bis Dienstag ins Fort Belvedere, und sie kamen nicht an ihn ran. Sogar wenn er in London war, schloss er sich zusammen mit Mrs S. im Buckingham Palace ein, wo sie stundenlang zusammen kicherten.

Tommy erzählte mir von dem großen Streit mit ihm, als er sein Sekretär war in Kanada und in den Vereinigten Staaten. Tommy kündigte seine Stellung, und dann sagte er ihm eineinhalb Stunden lang, was er von ihm hielt. Der König nahm es mit Fassung. »Ja, Tommy«, sagte er,

»ich war nicht dafür geschaffen, der Prince of Wales zu sein.«

Ich glaube wirklich, Tommy ist froh, dass er weg ist. »Er hatte keine Seele«, wiederholte er immer wieder, »und das ließ ihn ein bisschen verrückt werden. Wahrscheinlich wird er ganz glücklich sein in Österreich. Er wird ein kleines Schloss bekommen, Golf spielen im Park, in Wien in Nachtclubs gehen und im Sommer in der Adria baden. Es gibt keinen Grund, ihn zu bemitleiden. Er wird ganz glücklich sein und seine dumme Tiroler Tracht tragen, und eigentlich hat er sich nie um England oder die Engländer gekümmert. Das war alles Augenwischerei. Eher hasste er dieses Land, da er keine Seele hat und nicht an seine Pflichten erinnert werden wollte.«

Ich könnte mir denken, dass das alles wahr ist, und das tröstet mich etwas. Tommy ist ein sehr vernünftiger und loyaler Mensch, und ich vertraue seinem Urteil. »Der neue König«, sagte er, »wird erstklassig sein. Kein Zweifel.«

So ermutigt, ging ich ins Parlament und leistete meinen Schwur auf George VI.

Bald gibt es jedoch ernstere Dinge als die Abdankung eines gefühlskalten Monarchen. Die politische Situation in Europa spitzt sich zu. Harold hält im Parlament engagierte Reden zur außenpolitischen Lage. Auch in seinen Briefen tauscht sich das Paar darüber aus.

Harold
London, King's Bench Walk, 29. April 1937

Der Luftangriff auf Guernica war wirklich furchtbar. Es scheint, dass er ohne die Zustimmung des spanischen Hauptquartiers ausgeführt wurde. Sie flogen absichtlich tief über den flüchtenden Frauen und Kindern und erschossen sie mit Maschinenpistolen. Die Stimmung im Parlament ist sehr verbittert – und nur das Arschloch Teenie [Victor Cazalet] hält weiter zu Franco. Ich hätte ihm am liebsten eins auf seine dummen Ohren gegeben. Wie auch immer, wir versuchen so viele Frauen als möglich zu retten, bevor ein ähnliches Schicksal Bilbao ereilt. Das Auswärtige Amt hat sich glänzend verhalten.

Ich verabscheue den spanischen Bürgerkrieg. Ich fühle, wie die Barbarei wieder über die Erde kriecht und die Menschheit sich zurückentwickelt. Es ist furchtbar, dass die Erfindung des Flugzeugs der Unbarmherzigkeit so einen Vorteil verschafft hat. Tief in mir drin, wo meine Schüchternheit und andere Dinge verborgen sind, leide ich darunter. Ich wache damit auf, wie man mit manchen Ängsten und Sorgen aufwacht.

Vita
Sissinghurst, 30. April 1937

Ich bin völlig einer Meinung mit Dir, was Deine Gefühle zum Krieg angeht und zu all den anderen Kriegen, auf die sich jetzt jeder vorbereitet. Ich fühle, wie recht Bertie Russell[7] hat, und dass wir uns aus diesem Wettbewerb zurückziehen sollten, nicht nur unserer eigenen Sicherheit zuliebe, sondern auch um einen Weg aus diesem ungesunden Barbarismus aufzuzeigen. Letzten Endes werden wir eines Tages als die Ersten anerkannt werden, die einen Schritt in Richtung wahre Zivilisierung gemacht haben. Aber wird irgendjemand unserem Beispiel folgen? Ich bezweifle es. Sie werden nicht die Waffen niederlegen, wenn wir sie dazu auffordern. Und was ist mit den Menschen, für die wir selbst Verantwortung übernommen haben? Schon um der zivilisierten Welt willen ist es das Einzige, was man tun muss. Wie schwierig ist es, zwischen unserem Nationalstolz, unserem propagierten Sinn für Verantwortung und unserem ehrlichen Wunsch nach Frieden zu entscheiden. Dürften wir es wirklich zulassen, dass andere Nationen unser Empire aufteilen und dass Indien sich selbst das Wasser abgräbt? Oder machen wir uns einfach nur vor, dass wir das nicht zulassen dürften, weil wir unsere stolzen Besitztümer behalten wollen?

Es macht mich ärgerlich, wenn das Parlament Tage damit verbringt, über die Gehälter der Kabinettsminister zu diskutieren, wenn es diese entsetzlichen Probleme gibt – und andere wie Streiks, Armut, Krebs und Arbeitslosigkeit.

Harold

London, House of Commons, 9. März 1938

Ich hatte gestern einen niederdrückenden Tag. Bei einer privaten Zusammenkunft in Chatham House besprachen wir die gegenwärtige Lage. Wir kamen zu dem betrüblichen Ergebnis, dass wir nun, da Russland ausgefallen ist, einfach nicht mehr stark genug sind, um uns Deutschland zu widersetzen. Das heißt, zu einem so radikalen Ergebnis kamen wir nicht. Wir hatten aber das Gefühl, dass 80 Millionen schwer bewaffnete Deutsche und dazu die Italiener mehr seien, als wir und Frankreich getrost auf die Hörner nehmen können. Was für gewaltige Dinge sind in diesen letzten fünf Jahren geschehen! Plötzlich stehen wir vor dem Zusammenbruch unseres Ansehens, unseres Empires und unserer Unabhängigkeit. Armes England!

Dann dinierte ich bei General Louis Spears. Vansittart[8] war auch da. Er sah sehr schwarz. Er meint, wir könnten kaum verhindern, dass Deutschland Osteuropa einsteckt und danach kehrtmacht und verlangt, dass wir uns unterwerfen. Nun, es wird vielleicht nicht ganz so schlimm kommen. Aber die Stimmung ist im Augenblick so düster wie in der Zeit nach Austerlitz. Niemand, der gut unterrichtet ist, glaubt, dass es irgendeine Aussicht auf Verhandlungen mit Deutschland gebe, die zu etwas führen könnten. Vielleicht könnten wir eine Kleinigkeit aus Italien herausholen, aber das wäre ein reiner Trosthappen.

Hübsch, nicht wahr? Meine Liebste, sorg Dich nicht um diese Dinge, sondern bestelle Deinen Garten. Trotzdem wünschte ich, Du wärst hier. Du glättest immer mein zerzaustes Gefieder.

In den Sommerferien ist Harold an der Côte d'Azur zu Gast bei Somerset Maugham in dessen Villa Mauresque in Cap Ferrat, wo er zweimal mit dem Herzog und der Herzogin von Windsor zusammentrifft. Vita ist in ihrem geliebten Sissinghurst geblieben.

Vita

Sissinghurst, 3. August 1938

Ich fuhr letzte Nacht nach Rodmell, und es war sehr schön. Wir saßen draußen im Garten und beobachteten, wie das Sonnenlicht die Kornfelder über den Downs vergoldete. Heute Morgen dann hatte ich ein langes Gespräch mit Virginia, die bester Laune war. Wenn Du glaubst, dass es ihm Freude macht, erzähle Deinem Gastgeber, dass sie seine Autobiographie *Die halbe Wahrheit* bewundert. Sie mochte die Klarheit seines Stils und die Redlichkeit, mit der er versucht, die Wahrheit herauszufinden.

Sie ging sogar so weit zu sagen, dass sie sich das Buch, das sie aus der Wanderbücherei hatte, nun selbst kaufen wolle. Aber erzähl ihm das um Gottes willen nicht, sonst schickt er ihr noch ein Freiexemplar, und ich wäre blamiert.

Harold

Villa Mauresque, Cap Ferrat, 5. August 1938

Es war ein köstlich weicher, warmer Abend, mit diesem märchenhaften rosa Licht zwischen den Kiefern. Ich ging allein hinauf und saß mit Tacitus am Schwimmbecken. Ich blieb da, bis die roten Oleander unsichtbar wurden und nur die weißen Oleander im Mondlicht glänzten.

Dann ging ich zur Villa hinab, badete, rasierte mich und zog meinen besten Anzug an, weil der frühere König von England zum Essen kommt. Willy Maugham hatte uns vorher sorgfältig vorbereitet. Er sagte, der Herzog würde böse, wenn man die Herzogin nicht respektvoll behandelte.

Als sie eintrafen, gingen Willy und seine Tochter in die Diele. Wir standen etwas blöde im Wohnzimmer herum. Da kamen sie. Ich muss sagen, dass sie für ihr Alter gut aussieht. Sie trägt ihr Haar anders. Es ist zurückgekämmt und fällt in Locken nach hinten. Dadurch sieht sie sanft und weniger angestrengt aus. Auch ihre Stimme hat sich verändert. Jetzt ist es eine Mischung aus dem Virginia-Akzent mit dem Tonfall einer Herzogin aus einem Stück von Pinero.[9] Er kam mit seinem wiegenden Seemannsgang herein und zupfte an seiner Fliege. Er trug einen rohseidenen Smoking. Er war in blendender Stimmung. Es wurden Cocktails gereicht, und wir standen um den Kamin. Es trat eine Pause ein. »Es tut mir leid, dass wir etwas zu spät sind«, sagte der Herzog, »aber Ihre Königliche Hoheit konnte sich nicht losreißen.« Da war es heraus. Die drei Wörter fielen in die Runde wie drei Steine in einen Teich. Ihre (Luft anhalten) Königliche (Schauer) Hoheit (und nicht ein Auge wagte es, dem anderen zu begegnen).

Dann gingen wir zu Tisch. Ich saß neben der Herzogin.

Er saß gegenüber. Sie nannten sich sehr häufig »Liebling«. Ich nannte ihn oft »Eure Königliche Hoheit« und immer »Sir«. Sie nannte ich »Herzogin«. Man kann sich seinem Strahlen, seinem Charme und seiner Traurigkeit nicht entziehen, obwohl ich sagen muss, dass er sehr fröhlich wirkte. Sie haben hier eine Villa gemietet und eine Yacht und fahren von da nach dort. Er arbeitet im Garten. Aber es ist rührend, wie empfindlich er um ihretwillen ist. Mir wurde aus dem, was sie sagte, völlig klar, dass sie hofft, nach England zurückkehren zu können. Als ich sie fragte, warum sie sich nicht irgendwo ein eigenes Haus zulege, sagte sie: »Man weiß ja nie, was kommt. Ich möchte nicht mein ganzes Leben im Exil verbringen.«

Die Gäste von Somerset Maugham waren über die Worte des Herzogs von Windsor deshalb so konsterniert, weil König George VI. seinem Bruder vor dessen Heirat mit Wallis Simpson mitteilen musste, dass das Kabinett beschlossen hatte, er selbst könne zwar weiter den Titel »Königliche Hoheit« führen, der Titel dürfe aber nicht auf die Herzogin übertragen werden.

Trotz der dramatischen und deprimierenden Zeiten genießt Harold seine Arbeit, seine Teilhabe am politischen Leben und am Puls der Zeit zu sein. Vita dagegen hat sich fast völlig nach Sissinghurst zurückgezogen. Sie widmet sich leidenschaftlich ihrem Garten und schreibt Bücher. Sie fährt selten nach London und vermeidet nach Möglichkeit gesellschaftliche Kontakte. Harolds Bitte, ihn zu einem Royal Dinner im Buckingham Palace zu begleiten, schlägt sie rundweg ab.

Vita
Sissinghurst, 14. November 1938

Ich weiß, Du wirst mir nie verzeihen, aber ich *kann* einfach nicht zu dieser Gesellschaft gehen. Ich habe an die Firma Jay geschrieben und herausgefunden, dass ein Abendkleid mindestens 30 Pfund kosten würde und das Zubehör (Schuhe, Unterkleid, Handschuhe usw.) nochmals 10 Pfund. Nun, ich finde es übel, so viel für die persönliche Aufmachung an nur einem Abend auszugeben. Es war töricht von mir, überhaupt zu sagen, dass ich mitkommen werde. Gwen [Harolds Schwester] sagt, es sei unrecht von mir, mich zu drücken. Aber ich bin zu schüchtern. Ich weiß, alles wird wunderschön und dekorativ sein – und goldenes Geschirr und Orchideen und Leibgardisten –, aber ich kann es einfach nicht ertragen. Du wirst nicht verstehen, was ich damit meine – weil Du an der Politik und Leuten Spaß hast und ich nicht. (...) Ginge ich zu dieser Gesellschaft, so würde ich mir selbst untreu. Während ich diesen Brief schreibe, liegen meine Juwelen rings um mich verstreut – Smaragde und Brillanten, eben von der Bank geholt –, sodass mir ganz übel wird. Ich kann mich einfach nicht mehr zu der Welt bekennen, die sich in diesen Juwelen repräsentiert. Ich kann mir nicht ein Kleid für 30 Pfund kaufen oder Schmuck im Wert von 2000 Pfund tragen, während Menschen verhungern. Ich *kann* solch Theater nicht mitmachen, wenn man Leuten ihr Licht oder Gas abzusperren droht, weil sie ihre Schulden nicht bezahlen können.

Harold
London, 4 King's Bench Walk, 15. November 1938

Ach, Mar, wie liebe ich Dich! Ich bin froh, dass Du nicht kommst. Du hast, wie üblich, ganz recht. Es ist falsch, bloß für eine Gesellschaft so viel Geld auszugeben. Diese Art Welt ist heute tot. Wie kann ein Mensch von Deiner Empfindsamkeit und Phantasie sich mit teuren Kleidern auftakeln, wenn sich gebildete Jüdinnen und Juden wie die Füchse im Grunewald verstecken? Mein Gott! Ich bewundere Dich ja so sehr, meine Viti. Du bist in Deinem Urteil so sicher. Es hallt wie eine Glocke. Es schenkt mir so viel Zuversicht, dass diese Glocke, wenn ich sie läute, immer den vollkommen reinen Ton hören lässt. Ich werde nie vergessen, wie viel Du mir während der Krise bedeutet hast. Damals warst Du die seelische Vollkommenheit selbst. Ich hätte die Zeit nicht ertragen, wärst Du nicht da gewesen als eine Art vollständig selbstloser Mensch, weit über allen kleinlichen Ängsten und Zänkereien.

Lieber gibt Vita ihr Geld für Blumenzwiebeln aus, an die zwölftausend davon erwirbt sie allein im Jahr 1939. Abgesehen davon empfindet sie aber sehr wohl den Unterschied zwischen ihrem Leben und dem von Harold.

Vita
Sissinghurst, 13. Februar 1939

Ich habe wirklich überhaupt nichts zu erzählen, außer dass Mr Armstrong heute Nachmittag kommt, um nach den Orchideen zu sehen. Und das ist, verglichen mit dem prallen Leben, das Du führst, von keinerlei Interesse. Ich empfinde mein Leben immer so langweilig, verglichen mit Deinem. Ich mag mein Leben und beneide Dich nicht um Deins, aber gleichzeitig denke ich, wie träge und bäuerlich ich Dir vorkommen muss.

Wie auch immer, ich habe den ganzen Morgen damit verbracht, Poesie zu schreiben (obwohl Spender, Auden etc. es niemals Poesie nennen würden), und das gibt mir ein Gefühl der Rechtfertigung. »*On fait ce qu'on peut*«, wie der Franzose sagt.

Je fais ce que je peux – was sehr wenig ist, ich weiß, aber wenn ich einige anständige ehrenvolle Verse schreibe, dann tue ich mein Bestes.

Liebling, Du bist in allem, was Du tust, so ein aufrichtiger Mensch. Ich war so begeistert, als Du sagtest, dass Du Deinen Artikel vom letzten Samstag neu geschrieben hast, weil Du dachtest, es sei rührseliges Zeug. Wie viele Leute hätten das einfach so gelassen, auch rührseliges Zeug, wenn sie so müde gewesen wären, wie Du es wahrscheinlich warst. Wie sehr achte ich Dich für diese Redlichkeit! Du weißt, oder vielleicht weißt Du es nicht, ich achte Dich (völlig unabhängig davon, wie sehr ich Dich liebe) als den ehrenwertesten Menschen, den ich je kannte. Gelegentlich wirst Du wütend und unvernünftig, aber ich weiß, dass grundsätzlich Deine Werte und Maßstäbe dauerhaft, ehrlich und wirklich edel sind.

In der Regel weigert sich Vita, bei Harolds politischen Auftritten dabei zu sein. Dafür nimmt sie brieflich intensiv Anteil an seiner Arbeit, lobt, schmeichelt, ermuntert und bestärkt ihn. 1939 kaufte sie ein Fernsehgerät. So konnte sie Harold, der auf einer Veranstaltung in Kent über Foreign Affairs and Public Opinion *gesprochen hatte, auf dem Bildschirm bewundern.*

Vita
Sissinghurst, 19. Juni 1939

Ich muss mich hinsetzen und Dir schreiben, wie ausgezeichnet Deine Rede gestern Nachmittag war. Es war wirklich ein Kunstwerk in der Schönheit seiner Konstruktion und Ausarbeitung, in seiner Einfachheit, Logik und Vernunft. Ich war tief beeindruckt. Es war, als ob man ein wunderschönes Bauwerk im Schnelllauf beim Wachsen beobachtet, wie in diesen Filmen, wo gezeigt wird, wie Kapuzinerkresse binnen einer Stunde ihre volle Größe erreicht. Ich hörte Dir zu und spürte, dass Du nicht nur mein charmanter Hadji bist, sondern ein wahrer Künstler, der den Ton in eine Form gießt, um einen Kelch zu formen.

Ich denke, ich habe nie zuvor bemerkt, wie eingehend Du Dich mit dem wahren griechischen und christlichen Geist auseinandergesetzt hattest.

Liebling, was für eine Verbindung! Was für einen Einfluss Dein Denken doch haben sollte. »Der Gute Heide« – ja, das bist du, aber auch der gute Christ, obwohl du keiner orthodoxen Religion angehörst. Du bist viel mehr Christ als viele der sogenannten Christen!

Natürlich habe ich das von Dir schon immer gewusst, aber es ist seltsam, dass ich es durch eine Rede von vierzig Minuten nach fünfundzwanzig Jahren so viel lebhafter wahrnehme. Ich vermute, es war, weil ich Dich objektiv als »Redner« sah und hörte, nicht als Hadji, der seine Pyjamas säuberlich faltet, bevor er den 8-Uhr-50-Zug nimmt. Es verursachte eine eigenartige Zweiteilung in meinem Kopf – Du, so vertraut auf dem Bahnsteig stehend, in Deinem ordentlichen gestreiften Anzug, den ich so gut kenne, mit dem Taschentuch, das ich so oft vor der Wäscherei gerettet habe und das aus der Brusttasche herausschaut, und dann der öffentliche Harold Nicolson, der aufsteht und sich an ein Publikum wendet, der ein Fremder wird, eine öffentliche Figur, und doch genau derselbe Hadji bleibt, der dort ins Scheinwerferlicht blinzelt.

Liebling, es war eine wundervolle Rede. Ich sage mit Absicht »wundervoll«. Du wirst lachen, weil Du ähnliche Reden ständig hältst, und dieser Brief wird für Dich wie Fan-Post klingen. Aber ich meine es ernst; aus der Tiefe meines Herzens heraus.

Mit dem deutschen Überfall auf Polen am 1. September 1939 und dem Beginn des Zweiten Weltkriegs wächst in

Großbritannien die Furcht vor einer Invasion deutscher Truppen.

Harold

London, 4 King's Bench Walk, 2. August 1939

Wir haben heute eine Debatte über die Frage, ob wir in die Ferien gehen sollen oder nicht. Ich hatte gehofft, dass Anthony Eden energisch aufträte, aber jetzt schlägt er vor, wir sollten uns alle fügen. Ich würde das tun, wenn Winston sich nicht weigerte, und ich kann den alten Löwen nicht allein zur Abstimmung gehen lassen. Aber abgesehen davon meine ich wirklich, dass das Unterhaus sich nicht für die ganzen zwei Monate vertagen sollte. Ich sehe darin die Verletzung eines Verfassungsgrundsatzes und einen Akt der Missachtung gegenüber dem Haus.

Warum bin ich immer in der Minderheit? Ist es Querköpfigkeit? Ich weiß es einfach nicht. Oder liegt es eigentlich daran, dass ich von Natur aus keine Wetterfahne bin und Disziplin verabscheue?

Vita

Sissinghurst, 24. August 1939

Was für grausige Stunden. Wärest Du doch nur nicht in London. Mir wird einfach übel, wenn ich an Luftangriffe denke. Mitten während des Lunch wurde ich angerufen und gefragt, ob in den Buick eine 2,40 Meter lange Bahre passe oder »nur sitzende Fälle und Leichen«. Mir ist übel vor Angst, doch merke ich, dass ich im Laufe des Tages tapferer werde – ein merkwürdiger psychologischer Vorgang, den ich mir gern erklären würde. Gestern Abend ging ich zum Essen zu Mrs Drummond. Ihr einziger Kommentar zu den Neun-Uhr-Nachrichten war: »Höchst unbefriedigend.« Es klang, als ob sie ein Dienstmädchen zurechtwies. Eine prächtige alte Frau.

Im Mai 1940 tritt Chamberlain zurück, und Winston Churchill folgt ihm als Premierminister. Harold Nicolson wird von seinem Hinterbänklerdasein erlöst und zum parlamentarischen Staatssekretär im Informationsministerium ernannt, unter seinem Freund Duff Cooper als Minister.

Harold
London, Informationsministerium, 19. Mai 1940

Es ist komisch, wieder im Amt zu sein. Ich fühle mich von Freunden umgeben, und das macht alles wirklich höchst angenehm. Unser Operationszimmer ist geradezu aufregend. Dort ist Tag und Nacht Dienst, und es gibt Landkarten mit Nadeln und verschiedenfarbigen Fäden. Die Abteilungsleiter treffen sich zweimal täglich um 10.30 Uhr und um 17.30 Uhr zur Besprechung, und die Pressekonferenz ist um 12.30 Uhr. Ich muss bei alledem dabei sein und soll außerdem bestimmte Teile der Arbeit übernehmen. Ich habe ein nettes, sonniges Zimmerchen und werde hier schlafen, wenn die Bombardements anfangen. Es heißt, der Schutzraum unter unserm Turm widerstehe selbst einem Volltreffer.

Vita
Sissinghurst, 23. Mai 1940

Das einzig Hübsche, was der Krieg gebracht hat, ist der Wachposten, den wir jetzt oben auf dem Turm haben. Mit Stahlhelm und Flinte nimmt er sich im Mondlicht über der Brüstung höchst malerisch aus. Ozzy[10] kommandiert die hiesige Abteilung der Freiwilligen Heimatwehr. Aus dem Dorf Sissinghurst haben sie 32 Mann. Nicht schlecht.

Harold
London, King's Bench Walk, 4. Juni 1940

Gestern war ich schrecklich gehetzt, weil ich für das Kabinett eine Denkschrift über die Invasion fertigstellen musste. Wir wissen nicht, ob wir die Leute jetzt warnen oder noch abwarten sollen, bis die Invasion in den Bereich der Möglichkeiten rückt. Mit achtzigprozentiger Wahrscheinlichkeit wird der Feind zuerst Frankreich angreifen und sich uns erst nachher vornehmen. Wir müssen jedoch auf die Invasion vorbereitet sein, und die Öffentlichkeit muss wissen, was sie tun soll. Wir haben eine lange Liste mit Weisungen, möchten sie aber nicht ohne Anordnung des Kabinetts veröffentlichen. (...)

Meine liebste Viti, ich denke, es ist ein kleiner Trost anzunehmen, dass entweder im August alles vorbei ist oder wir gewonnenes Spiel haben. Hitler wird nicht bis zum nächsten Jahr weitermachen können. Es geht nur darum: »Werden wir durchhalten können?« Ich glaube ja. Und wenn wir siegen, dann wird es wirklich ein Triumph des menschlichen Charakters über die Maschine sein. Gott schütze Dich. Mut und Hoffnung. Heute Nachmittag hielt Winston die schönste Rede, die ich je gehört habe. Das Haus war tief bewegt.

Im August 1940 beginnt die deutsche Luftoffensive gegen England. Sissinghurst liegt auf der Linie des geplanten Vormarsches der deutschen Armeen von der Küste nach London. Vita hält dennoch furchtlos die Stellung.

Vita
Sissinghurst, 8. Oktober 1940

Herrgott, was haben wir heute früh für Angriffe gehabt! Das fing um halb neun an und war um elf immer noch im Gange. Es gab ein herrliches Bild: Zehn weiße Maschinen stiegen senkrecht auf und hinterließen völlig gleichmäßige weiße Kondensstreifen wie Furchen an einem wolkenlos blauen Himmel, während weiter unten eine Maschine Kondensstreifen zu einer riesigen Brille verschlang, ehe sie hinaufschoss, um zu ihren Freunden zu stoßen. Wir sahen, wie eine in Brand geriet und abstürzte. »Das ist eine weniger, die Hadji jagt«, dachte ich bei mir.

Harold

London, Informationsministerium, 17. März 1941

Lunch bei James Pope-Hennessy. Er zeigt mir nachher die Verwüstungen um St. Paul. Es ist nicht zu glauben. Eine Fläche so groß wie Trafalgar Square liegt in Trümmern. Ich finde, wir sollten den Platz um jeden Preis als Denkmal an Londons Zivilbevölkerung erhalten. Sie verdient es, und man hat einen so großartigen Blick auf St. Paul, dass Wren[11] seine Seele dafür verkauft hätte. Es ist so, als stände St. Paul dort, wo jetzt die National Gallery steht. Unsere Landung in Griechenland hat (obwohl wir alle glauben, dass sie unheilvoll enden wird) auf die Jugoslawen eine magische Wirkung ausgeübt. Ich glaube nicht, dass die Wirkung von Dauer ist. Die Deutschen mögen uns hinauswerfen, aber sie werden viel Ärger haben.

Die Kriegsbedrohung zerrt an den Nerven. Auch Vita leidet unter Depressionen, die sie mit zu viel Alkohol zu betäuben sucht. Harold ist beunruhigt über ihren Zustand.

Harold

London, Informationsministerium, 31. März 1941

Es ist immer ein trübseliger Augenblick, wenn ich die Schachtel auswickele, die wir gemeinsam gepackt haben. Traurig nehme ich die Blumen heraus und denke daran, wie Du sie gepflückt und in Papier gehüllt hast. Heute aber war es besonders schlimm, weil ich das Gefühl habe, dass ich als Stütze für Dich versage. Ich weiß nicht, woran es liegt, aber es scheint, als könnte ich Dir nie helfen, wenn Du Kummer hast. Dass Du unglücklich bist, verabscheue ich mehr als irgendetwas anderes. Ich aber hänge herum, komme mir selbst elend vor und erkenne, wenn ich auf mein Leben zurückblicke, dass ich eigentlich nur dann unglücklich war, wenn Du es auch warst.

Ich frage mich, ob Du glücklicher gewesen wärest, wenn Du einen entschlosseneren und weniger sensiblen Mann geheiratet hättest. Einerseits wäre Dir jedes Gefühl der Kontrolle oder Bevormundung zuwider gewesen, und andere Männer hätten vielleicht Dein Verlangen nach Unabhängigkeit nicht verstanden. Das habe ich immer respektiert, und Du hast darin bei mir oft fälschlich Zurückhaltung gesehen. (...)

Dagegen hat mir immer Dein dualistischer Charakter Kopfzerbrechen bereitet. Die eine Seite zärtlich, klug und verantwortungsbewusst, die andere aber ziemlich grausam und ausschweifend. (...)

Ich glaube nicht, dass Du jemals richtig bemerkt hast, wie tief unglücklich Deine exzentrische Seite mich oft gemacht hat. Wenn ich unglücklich bin, schließe ich mich wie eine Auster. Ich liebe Dich so sehr, mein Liebstes. Ich stütze meinen Kopf in beide Hände und sorge mich um Dich. Heute hätte mich fast ein Taxi totgefahren. Nur um Haaresbreite bin ich dem Unfall entgangen. Und mein erster Gedanke war: »Wäre ich wirklich kaputt ins Krankenhaus gebracht worden, dann wäre Viti aus ihrer dumpfen Stimmung aufgescheucht worden.«

Es ist eine andere furchtbare Nachricht, die Vita aufschreckt und die sich mit dem Brief von Harold kreuzt.

Vita
Sissinghurst, 31. März 1941

Ich habe eben den furchtbarsten Schock erlebt: Virginia hat sich umgebracht. Es steht noch nicht in den Zeitungen, aber ich habe Briefe von Leonard und auch von Vanessa [Virginias Schwester], die es mir mitteilen. Es ist letzten Freitag passiert. Als Leonard nach Hause kam, fand er einen Zettel, sie werde Selbstmord begehen, und sie glauben, dass sie sich ertränkt hat, da er ihren Stock im Fluß treibend gefunden hat. Er sagt, sie habe sich die letzte Zeit nicht wohl gefühlt und habe Angst davor gehabt, sie könne wieder verrückt werden. Er schreibt: »Vermutlich war es die Belastung durch den Krieg und die Fertigstellung ihres Buches; sie fand weder Ruhe noch mochte sie essen.«

Warum, warum hat er sie allein gelassen, wo er alles das wusste? Er muss sich die furchtbarsten Vorwürfe machen, der arme Mann. Den Leichnam haben sie noch nicht gefunden.

Ich kann es nicht fassen. Dieses herrliche Wesen, dieser herrliche Geist. Und sie schien so wohl zu sein, als ich sie das letzte Mal sah, und noch vor zwei Wochen hatte ich einen spaßigen Brief von ihr. Sie muss ganz von Sinnen gewesen sein, sonst hätte sie Leonard und Vanessa nicht so viel Kummer und Entsetzen bereitet. Vanessa hat ihn besucht und schreibt, er sei verblüffend beherrscht und ruhig, dringe aber darauf, dass man ihn allein lässt – ich kann nicht aufhören, mich zu fragen, ob er ihrem Beispiel folgen wird. Ich kann mir nicht vorstellen, wie er ohne sie leben soll.

Am besten, Du sagst niemandem, dass es Selbstmord war, obwohl ich vermute, dass sie es nicht aus den Zeitungen heraushalten können. Ich vermute, es muss auch eine Untersuchung stattfinden.

Was für ein Albtraum für Leonard. Wenn sie ihre Leiche finden werden und all das.

Nachdem Harold diese Nachricht erhalten hat, eilt er sofort nach Sissinghurst, um seiner Frau beizustehen. Aber es scheint, als wäre eine Zwiesprache ihrer beiden Seelen nur auf dem Papier möglich. Den Brief, den Harold ihr vor der Todesnachricht geschickt hatte, bekommt Vita erst, als er schon wieder auf dem Weg nach London ist. Sie antwortet ihm darauf.

Vita
Sissinghurst, 2. April 1941

Es war fast unerträglich, Deinen Brief zu lesen, weil ich erwartet hatte, dass er von Virginia handele, und daher ehrlich überrascht war. Ich kann es nicht ertragen, dass Du unglücklich bist, zumal meinetwegen. Aber, Liebster, das brauchst Du wirklich nicht zu sein. Ich bin wirklich eine sehr glückliche Natur und bekomme nur manchmal

Anwandlungen von Verzweiflung. Es ist töricht und egoistisch von mir, zu sagen, dass mich der Krieg stört, wenn so viele Leute so unendlich viel mehr darunter zu leiden haben. Es stört einen aber, mit anzusehen, wie es mit allem, was einem teuer ist, bergab geht, und zudem verfolgt mich ständig die Angst, Dir könnte etwas zustoßen, und das belastet mich vermutlich. Schau, ich liebe Dich so sehr. Ich bete wohl sechsmal am Tag für Deine Sicherheit.

Ich weiß nicht recht, was Du mit meiner exzentrischen Art meinst. Ich finde überhaupt nicht, dass ich exzentrisch bin, sofern nicht die Vorliebe für das Leben hier exzentrisch ist; aber viele Menschen sind von Natur Einsiedler (und das bin ich vermutlich). Wenn man keine Sympathie für die Welt von heute empfindet, dann vertieft sich doch die angeborene Zurückhaltung. Das ist eine Art von Weltflucht. (...)

Dass Du gestern hierherkamst, hat mich tief gerührt.

Wir sind aber doch komische Leute, Du und ich: Virginias Tod hatte Dich hergeführt, und doch haben wir das überhaupt nicht erwähnt. (...) Es tut mir leid, dass ich schlafen ging. Ich hatte in der Nacht zuvor nicht viel geschlafen und konnte kaum die Augen offen halten; Du weißt, wie es einen am Nachmittag darauf gegen vier Uhr packt.

Deine Geschichte mit dem Taxi lässt mir das Blut erstarren. Sollte Dir etwas zustoßen, so würde ich das nie verwinden. Ich glaube sogar, ich würde nicht weiterleben.

Harold
London, Informationsministerium, 2. April 1941

Ich bin froh, dass ich letzte Nacht nach Sissinghurst kam, denn ich war so in Sorge um Dich, und es war erleichternd zu sehen, dass Du mit dem Schock so gut umgehst. Ich hoffe, Du kannst Dich von dem rein physischen Aspekt gedanklich verabschieden und Dich nur darauf konzentrieren, was für eine große Beglückung diese Freundschaft für Dich gewesen ist. Aber ich weiß, meine Liebste, dass Virginia Dir etwas bedeutete, das niemand sonst je wieder für Dich wird bedeuten können, und Du wirst empfinden, als ob Dir eine ganz besondere Zufluchtsstätte entzogen worden ist, die im Hintergrund Trost und Stärke für Dich bereithielt. Ich war jede einzelne Stunde des Tages so bekümmert darüber.

Leonard Woolf trug den Selbstmord seiner Frau äußerlich mit großer Fassung. Er ließ Vita durch Virginias Schwester Vanessa ausrichten, dass er sie gerne in Rodmell empfangen würde.

Vita
Sissinghurst, 8. April 1941

Gestern besuchte ich Vanessa in Charleston. Sie hätte nicht freundlicher sein können und hat mir alles erzählt. Ich war etwas entsetzt, dass sie sagte, Leonard wolle mich gerne sprechen. Er trank gerade Tee – nur eine Teetasse auf dem Tisch, an dem sie immer Tee tranken. Das Haus war voll von seinen Blumen, und Virginias Sachen lagen wie üblich herum. Er sagte: »Gehen wir irgendwohin, wo es behaglicher ist«, und er führte mich in ihr Wohnzimmer hinauf. Da lag ihre Handarbeit auf einem Stuhl, und ihre bunte Wolle hing über so einer Art Handtuchständer, den sie sich dafür hatte machen lassen. Ihr Fingerhut auf dem Tisch. Ihr Notizblock mit ihrer Schrift. Das Fenster, von dem aus man den Fluss sehen kann. Ich sagte: »Leonard, ich habe es nicht gern, dass Sie hier so allein sind.« Er richtete diese durchdringenden blauen Augen auf mich und sagte: »Es ist das einzig Richtige.« Da sah ich ein, dass er recht hatte. Aber es erfordert schon Mut.

Über die ganze Sache sprach er völlig ruhig und mit allen Einzelheiten, vor nichts zurückschreckend. Einige Sätze trafen. Er sagte: »Als wir sie nirgends finden konnten, ging ich zu einem verlassenen Haus auf den Downs namens *Mad Misery*, das sie sehr gern hatte; aber sie war nicht da.« Ich erinnere mich, dass sie mir von *Mad Misery* erzählt und gesagt hatte, sie wolle es mir einmal zeigen. Sie haben den Fluss abgefischt, geben jetzt aber die Suche auf. Da die Gezeiten in den Fluss eindringen, ist sie vermutlich ins Meer hinausgetragen worden. Ich hoffe das. Ich hoffe, sie werden sie nie finden.

Währenddessen geht der Krieg weiter. Harolds Posten im Informationsministerium fällt einem politischen Revirement zum Opfer. Der von ihm bewunderte Churchill hatte ihn sang- und klanglos drangegeben. Als Ersatz hatte man ihm den Posten eines Verwaltungsrats bei der

BBC verschafft. Diese Zurücksetzung und der Verlust seiner politischen Arbeit schmerzen ihn sehr. Dennoch scheint sein Leben weiter reich an anregenden Kontakten zu sein.

Harold
London, 10. Dezember 1941

Gestern war ich mit de Gaulle zum Lunch. Ich kann nicht rausfinden, ob ich ihn mag oder nicht. Es gibt Seiten an ihm, die sind so anziehend wie ein Neufundländer. Andere sind arrogant und feindselig. Er ist eindeutig ein schlauer und mächtiger Mann. Er denkt, dass die Deutschen in Russland böse gescheitert sind und ihre öffentliche Meinung durch einen frühen und großen Erfolg sonst wo bei Laune halten müssen. Das kann nur im Mittelmeer sein, und wir müssen mit heftigen Kämpfen in Nordafrika rechnen.

Vita
Sissinghurst, 18. Januar 1944

Mein Liebling Hadji, in Anbetracht der Tatsache, dass Niggs morgen siebenundzwanzig und Ben im August dreißig Jahre alt wird, ist es da nicht wirklich bemerkenswert, dass ich Dich jetzt so viel mehr liebe als damals, als wir die beiden machten? Und Du mich wahrscheinlich auch. Natürlich war ich in jenen Tagen sehr verliebt in Dich, auf sehr junge und demnach unwissende Weise: es war jung und frisch wie griechische Poesie, wie eine Quelle, wie die Bergquellen, aus denen wir tranken, als wir in Persien waren. Aber nun ist es wie ein tiefer See, der nie austrocknen wird. Liebling, ich glaube kaum, dass man das von vielen Ehen sagen kann. Zwar vermute ich, dass man dergleichen vielleicht über bürgerliche Ehen sagt, die auf Gewohnheit gründen, aber nicht über eine so schwierige, unorthodoxe Ehe wie unsere, zwischen reichlich subtilen und komplizierten Leuten. Ich denke, dass kein anderer Mann als Du es mit mir ausgehalten hätte. Aber da ist noch viel mehr als das. Ich weiß es nicht und kann mich nicht so richtig ausdrücken – und dieser Brief wird Dich an einem betriebsamen Morgen erreichen – und mein Hadji entzieht sich sowieso allem, was Emotionalität betrifft – und ich hier in meinem ruhigen Zimmer – das ist alles so anders als London, aber ich wollte Dir diese Dinge sagen, an Niggs Geburtstag, jetzt, wo alles so unsicher ist und jeder von uns jeden Augenblick getötet werden könnte, auch Niggs. Ein kleines Dokument einer einunddreißigjährigen Liebe.

Und noch eine andere Liebe wird sie ihr Leben lang begleiten: zu Knole, dem Schloss ihrer Väter.

Vita
Sissinghurst, 16. Februar 1944

Liebling, Knole wurde bombardiert. Alle Fenster an der Hausfront und im Green Court und Stone Court und an der Gartenseite, einschließlich eines Fensters in der Kapelle, sind zerbrochen. Eine besondere Art von Bombe fiel genau vor die Pforte, nein, eher etwas links davon. Eddy [Sackville-West] rief mich heute an. (...)

Es trifft mich schrecklich, schrecklich, schrecklich! Ich rede mir immer ein, dass ich mir Knole endgültig aus dem Herzen gerissen habe, und sobald irgendetwas Knole betrifft, wird es mit jeder Faser wieder lebendig. Ich ertrage es nicht, mir Knole verwundet vorzustellen, wenn ich nicht da sein kann, um mich darum zu kümmern und mit ihm verwundet zu werden.

Diese dreckigen Deutschen! Lass uns jede Stadt Deutschlands niederbomben! Es soll mir egal sein. Oh Hadji, ich wollte, Du wärst da. Ich fühle mich verletzt und voll Herzeleid.

Im selben Monat fällt auch eine Bombe in den Burggraben von Sissinghurst, nur wenige Meter vom Turm mit Vitas Arbeitszimmer entfernt.

Vita
Sissinghurst, 19. Dezember 1944

Mir ist die Freude am See und am Wald vergangen, seit Soldaten dort eingedrungen sind und ihm die Abgeschlossenheit geraubt haben, die ich so liebte. Du hast es nicht begriffen, dass ich es übelnahm, als die Panzer die wilden Blumen umpflügten. Das war etwas so Schönes und ist nun für immer beschmutzt – eines der wenigen

Dinge, die ich vor dieser schrecklichen neuen Welt bewahrt hatte. Wenn ich mir doch nur über diese neue Welt klar werden könnte. Ich finde, man sollte imstande sein, sich anzupassen, und nicht darum ringen, zur überholten Tradition zurückzukehren und sich darin einzurichten.

Das alles macht mich sehr unglücklich. Und mein Rücken bekümmert mich auch. Es ist mir egal, ob er wehtut, aber er macht meine Gliedmaßen so schwach. Weißt Du, ich war immer so stark; jetzt aber wage ich keine plötzliche Bewegung und habe Angst, ich könnte hinfallen. Ich habe das Gefühl, dass ich und der See und der Wald alle Schaden genommen haben und für immer verdorben sind. Eben unsere entschwundene Jugend. Wenn ich nur wüsste, dass ich gute Gedichte schreiben kann, würde mir nichts etwas ausmachen. Das ist mir das Liebste – das und Deine Sicherheit. Ich lebe in ständiger Todesangst, Du könntest einen Unfall haben. Das ertrüge ich nicht. *Tam cari capitis ...*

Du bist auf allen meinen stürmischen Meeren mein Anker.

Harold
London, King's Bench Walk, 21. Dezember 1944

Ich begreife so gut, das Du augenblicklich unglücklich bist. Ich glaube, dass in diesen dunklen Herbsttagen alle richtig unglücklich sind. Teils ist es Kriegsmüdigkeit, teils Traurigkeit, weil die Dinge nicht glattgehen, und teils einfach Unterernährung. Ich weiß aber auch, dass Dein

Unglücklichsein tiefer geht. Du verlangst nicht viel vom Leben, aber Du wünschst Dir leidenschaftlich, dass Du für Dich sein kannst und dass man Deine Unabhängigkeit und Ruhe respektiert. Die Panzer im Wald waren wirklich ein Symbol. Für Menschen wie Dich und mich wird die Welt ein grimmiger Aufenthalt.

Dazu kommt dann natürlich noch Deine Arthritis, die alles durch einen schmerzhaften Nebel trübt. Aber in einem Punkt bin ich anderer Meinung, was nämlich Deine Gedichte angeht. Ich glaube nicht, dass Du jemals besser geschrieben hast, als Du jetzt schreibst. Selbst wenn Du nie mehr einen Vers schriebest, wäre Dein Dichterruhm in »The Land« verankert. Es vergeht kaum ein Tag, an dem nicht irgendjemand mir gegenüber dieses Gedicht erwähnt. Tommy Lascelles sagte mir am Dienstag im Club: »Ich glaube, ›The Land‹ ist ungefähr das einzig wirklich klassische Gedicht, das zu unseren Lebzeiten geschrieben worden ist.«

Ach meine süße Viti, wie schmerzt es mich, dass Du unglücklich bist! Wenn Menschen sich gemein oder schlecht benehmen, denke ich an Dich – so gelassen und schön –, und dann scheint sich alles zu glätten. So sagte ich neulich zu Duff [Cooper], als er meinte, er finde, die Regierung habe mich ziemlich schäbig behandelt: »Nun sehen Sie mal, wer so viel Glück im Leben gehabt hat wie ich, der hat nicht das Recht, sich durch irgendetwas erbittern zu lassen.« »Sie meinen Vita«, sagte er. Er versteht mich.

Vita

Sissinghurst, 7. Februar 1945

Liebling, stell Dir vor, es sind Bestrebungen im Gange, zwischen Biddenden und Cranbrook eine Busverbindung einzurichten. Das ist für uns schrecklich, weil es bedeutet, dass die Busse an unserem Wald vorbeifahren, doch wäre es angenehm für die Bewohner von Biddenden und Three Chimneys, die gänzlich von der Welt abgeschnitten sind – wobei die Welt in diesem Falle Cranbrook ist. Wir können uns dem nicht widersetzen, darum sollten wir lieber Entgegenkommen zeigen. Warum die Menschen diese Leidenschaft haben, herumzufahren, übersteigt mein Verständnis, es ist aber so. Was für eine Welt! Es ist, als ob man sein eigenes Todesurteil unterschreibt, und es liegt alles auf derselben Linie wie die Panzer, die in unseren Wald kommen.

Mein Manifesto: Ich hasse Demokratie. Ich hasse *la populace.* Wäre doch nur die Schulpflicht nicht eingeführt worden! Ich möchte keine Tyrannis, aber ich möchte eine intelligente Oligarchie. Wenn man doch nur *la populace* nie ermutigt hätte, sich über ihren angestammten Platz zu erheben. Ich möchte, dass sie ebenso gut ernährt und gut untergebracht sind wie Herdbuchkühe, aber auch nicht mehr mitzureden haben. (Das ist etwa so, wie die meisten Männer sich die Frauen wünschen!)

Oh, apropos Frauen. Ich bin einfach wütend wegen eines Buches über Knole, worin Eddy Sackville-West als »Autor und Musiker« beschrieben wird und ich als die »Gattin des Hon. Harold Nicolson C.M.G.«. Ich missgönne es Eddy nicht, dass er als Autor und Musiker beschrieben wird, aber ich nehme übel, lediglich als jemandes Gattin ohne eigenes Dasein abgetan zu werden, zumal in Verbindung mit Knole und meinem Namen. Darüber bin ich wirklich sehr böse. Du weißt, ich bin keine Frauenrechtlerin, aber es gibt Grenzen.

Vita Sackville-West und Harold Nicolson haben den Krieg unbeschadet überstanden, ebenso wie ihre beiden Söhne, die in Afrika und Italien gekämpft haben.

Bei den allgemeinen Wahlen im Juli 1945 verliert Harold, der als Unabhängiger kandidiert hatte, seinen Sitz im Unterhaus. Das schmerzt ihn als leidenschaftlichen homo politicus *sehr. Zunächst arbeitet er überwiegend als Journalist und schreibt Bücher. Doch das Leben als Parlamentarier fehlt ihm, und so tritt er 1947 der Labour Party bei, scheitert aber auch da bei seinem Versuch, einen Sitz im Unterhaus zu erlangen.*

1948 reist er zum ersten Mal nach dem Krieg nach Berlin. Er war gebeten worden, während der Berliner Luftbrücke die britische Solidarität mit den Berlinern durch Ansprachen zu demonstrieren.

Harold
Berlin, 26. September 1948

Dies hier ist quälend interessant, aber schrecklicher als alles, was Du Dir vorstellen kannst. Auf diesen Ruinen scheint eine tiefe, unglückliche Hilflosigkeit zu lasten.

Mein stärkster Eindruck bisher ist der einer völligen Verwirrung. Noch nie im Leben bin ich mir so *dumm* vorgekommen.

Ich bin gestern Nachmittag hier angekommen und war dann zum Tee beim Leiter der Informationsstelle am Kurfürstendamm. Am Ende der Straße ragte der zerstörte, rauchgeschwärzte Turm der Gedächtniskirche wie ein dreckiger alter Zigarrenstummel in die Luft. Ich fuhr in die Brückenallee. Mein Haus ist nur noch ein Trümmerhaufen. Wie in einem Albtraum vermischen sich Erkennbares und Verändertes, als ob Du Knole in der Ebene von Salisbury wiederfändest.

Man fuhr mich zu einer großen Villa im Grunewald, in der sich ein Presseclub befindet. Ziemlich trostlos, kann ich Dir sagen. Nur eine Birne in einem Kronleuchter und natürlich ungeheizt. Das Essen bestand nur aus britischer Truppenverpflegung, nicht schlecht zubereitet. Man hat das Gefühl, in einem Unterstand zu leben. Es ist viel, viel schlimmer, als ich erwartet hatte. Man kommt sich vor wie in einer Mondlandschaft, durch die Gestalten gleiten. Was für ein tief beunruhigendes Erlebnis ist das. Wie tief ist mein Mitleid mit diesen Menschen.

Harold
Berlin, 29. September 1948

Gestern führte ich ein langes Gespräch mit Lalli [Horstmann], und sie erzählte mir die ganze Geschichte. Sie sagte, wir hätten keine Ahnung von der Dimension der

Vergewaltigungen, die die Russen begangen haben. Sie selbst musste Nacht für Nacht aus dem Fenster springen und sich im Heuschober verstecken. Die Offiziere machten keinerlei Anstalten, ihre Männer zu stoppen. Keine einzige Frau, welchen Alters auch immer, die nicht in ihrem eigenen Dorf zehn- oder zwölfmal von verschiedenen Soldaten vergewaltigt wurde. Nach einem Monat der nächtlichen Orgien kehrte wieder Disziplin ein. Aber diesen einen Monat lang war es die Hölle. (...)

Ich aß mit dem Regierenden Bürgermeister von Berlin [Ferdinand Friedensburg] zu Mittag in einem Clubhaus am Wannsee. Ich traf fast alle führenden Politiker Berlins und freute mich, als ich merkte, wie mein Deutsch langsam wiederkam. Sie waren hocherfreut, dass ihre Stadt sich im Zentrum des Weltinteresses befindet. Doch abgesehen von einer Ausnahme fand ich, dass sie alle ein bemitleidenswerter Haufen waren.

Als ich zurückkehrte, wartete der alte Graf Limburg Stirrum auf mich. Er war früher ein sehr reicher Grundbesitzer gewesen, aber seine Ländereien sind hinter dem Eisernen Vorhang, und er lebt in Berlin in einem einzigen Zimmer. Er fürchtet sich vor dem Winter. Er hat nur für zwei Stunden pro Nacht Licht. Keine Kerzen. Er sitzt einfach im Dunkeln. Und was passiert, wenn die Kälte kommt? Die Aussicht ist wirklich schrecklich.

Vita beginnt in den ersten Nachkriegsjahren, wöchentlich einen Garten-Artikel für den Observer *zu schreiben. Die Kolumne wird ein großer Erfolg, und sie erreicht damit ein weitaus größeres Publikum als mit ihren literarischen Texten. Sie lässt die Leser teilhaben an ihrem persönlichen Geschmack, erteilt Ratschläge, und in halb England beginnt man den Sissinghurst-Stil zu kopieren. Man pflanzt Kletterrosen zu Füßen von Apfelbäumen und zieht Buschrosen den hybriden Teerosen vor.*

Harold wird indes aufgefordert, die offizielle Biographie König Georges V., des Vaters des jetzigen Königs George VI., zu schreiben. George V. regierte von 1910 bis 1936.

Harold

London, 10 Neville Terrace, 8. Juni 1948

Nach dem Lunch bei Sibyl spazierte ich gestern durch den Park zum Buckingham Palace, den ich durch den Seiteneingang betrat. Man führte mich sogleich in Tommys Zimmer. Ich setzte mich, und er legte sofort los. Er sagte, der König habe ihm gegenüber schon während des Krieges häufig davon gesprochen, dass es eine amtliche Biographie Georges V. geben müsse. Man habe das von Jahr zu Jahr aufgeschoben. Dann sei der König vor einigen Monaten auf das Thema zurückgekommen und habe gesagt, wie wichtig es sei, dass diese Biographie geschrieben werde, solange Tommy und [der Bibliothekar] Owen Morshead noch lebten. Tommy hatte daher fünf angesehene Persönlichkeiten um ihre Meinung gefragt, und drei davon hatten mich vorgeschlagen. Er berichtete das dem König, und der König sagte: »Was meinen Sie selber,

Tommy?« Tommy hatte dann natürlich gesagt, er hätte nicht gern den Namen eines alten Freundes vorgeschlagen, doch pflichte er den drei erfahrenen Staatsmännern bei. Dann hatte die Königin ebenfalls zugestimmt, woraufhin Tommy den Auftrag bekam, mich zu fragen. (…)

Darauf sagte ich, grundsätzlich liebte ich es nicht, Biographien zu schreiben, wenn ich nicht die ganze Wahrheit sagen könnte. Tommy sagte, man erwarte nicht, dass ich auch nur ein einziges unwahres Wort schriebe. Man erwarte von mir weder Lob noch Übertreibung. Ich müsse jedoch Dinge und Vorfälle weglassen, die ehrenrührig wären. Wenn es mein Gewissen erleichtere, könnte ich das im Vorwort sagen.

Man ist dafür, dass ich jedes nur vorhandene Stückchen Papier zu Gesicht bekommen soll. Ich werde in der Schlossbibliothek in Windsor meinen eigenen Tisch bekommen und an drei Tagen in der Woche dort arbeiten. (…)

Das ist also der Vorschlag. Ich bin mir noch nicht im Klaren, was ich eigentlich davon halten soll. Das Für und Wider sehe ich folgendermaßen:

Vorteile: Eine feste Aufgabe, die mich mindestens drei Jahre beschäftigt und einen großen finanziellen Ertrag bringt. Zugang zu Akten, die sehr interessant und wichtig sind. Enge Zusammenarbeit mit reizenden Leuten wie Tommy und Morshead. Die Gelegenheit, die Geschichte meiner eigenen Zeit zu schreiben. Zu alledem kommt wohl noch das Kompliment hinzu, dass man mich auserwählt hat.

Nachteile: Dass ich eine »offizielle« Biographie schreiben muss. Dass es dem König, den ich darstelle, an Charme gefehlt hat. Dass ich außerstande bin, Witze über die Monarchie zu machen. Dass ich ehrenrührige und törichte Dinge nicht erwähnen darf. Dass ich einzelne Persönlichkeiten herauslassen soll.

Was meinst Du nun? Als Schriftstellerin wirst Du begreifen, wie faszinierend die Herausforderung ist. Ist es möglich, die Biographie auf wirklich interessante, wirklich wahre Weise zu schreiben und gleichzeitig die Konventionen von königlichen Porträts zu wahren?

Vita
Sissinghurst, 8. Juni 1948

Über George V. bin ich geteilter Meinung. Ich sehe allerdings, dass es ein guter Haken wäre, um eine sehr interessante Studie dieser Epoche daran aufzuhängen. Sogar äußerst interessant, wenn man Dir freie Hand ließe. Möchte aber der König, dass Du Dich hauptsächlich auf seinen Vater konzentrierst? Oder würde er Dir Exkurse nach allen Seiten gestatten? Tommy L. versteht natürlich genau, wie Du schreiben möchtest, aber Tommys Arbeitgeber hat wahrscheinlich eine Gottesgnaden-Einstellung und versteht es vielleicht nicht. Immerhin war es ein großes Kompliment, und ich nehme an, dass Königin Mary den Anstoß gegeben hat.

Harold
London, 7. Januar 1949

Gestern eilte ich nach Windsor. Mein Besuch dort war ein großer Erfolg. Ich stieg den Hügel hinauf, und der Polizist führte mich zum Eingang der Bibliothek. Dort traf ich Owen Morshead, der sehr freundlich war. Zuerst zeigte er mir die Tagebücher von George V. Sie sind kaum mehr als ein Terminkalender und nicht sehr aufschlussreich. Aber um Daten abzugleichen, sind sie von unschätzbarem Wert. Es gibt auch Auszüge aus den Tagebüchern von Queen Victoria, die Prinzessin Beatrice aufbewahrt hat. Alles andere hat sie verbrannt. Boshafte alte Frau. Morshead sagte mir, dass er nicht glaubt, dass der König oder die Königin oder sogar Königin Mary schwierig würden, solange ich nicht die Grundsätze der Monarchie angreife, was ich, wie ich versicherte, nicht vorhabe. Er sagte, die Schwierigkeit liege darin, einen Weg zu finden, König Georges Umgang mit seinen Kindern zu beschreiben. »Das Haus Hannover bringt schlechte Eltern hervor – sie trampeln auf ihren Kindern herum, wie es die Enten tun.«

Danach brachte er mich zum Rundturm zu den Urkundenräumen. Dort gibt es einen Raum, der ausschließlich George V. gewidmet ist. Er hat ein Fenster mit einer hübschen Aussicht auf den Fluss. Das wird mein Zimmer sein. Die Dokumente sind so zahlreich, dass mir massenhaft Originalmaterial vorliegt, aber es ist nicht so umfangreich, dass es nicht zu bewältigen wäre. Wenn ich drei Tage die Woche hingehe, sollte es möglich sein, in vier Monaten damit durch zu sein. Das hat mich sehr ermuntert.

Neben ihren Buchprojekten spielt nun der Garten von Sissinghurst eine Hauptrolle im Leben von Vita und Harold.

Harold
London, Neville Terrace, 15. Juni 1949

Ich hoffe wirklich, dass Du bei dem ursprünglichen Vorhaben bleibst, die Rittersppornbeete in Grau und Weiß zu halten, und nicht zu viel Blau hineinbringst. Außerdem sollte es ein Juligarten sein, der weitermacht, wenn die Rosen ihre Schönheit verlieren. Ich stelle mir Massen von Cineraria vor, Hasenöhrchen in Massen, ein gut Teil *Lad's Love* und einige *Santolia* – der ganze Hintergrund soll überwiegend grau sein.

Vita
Sissinghurst, 5. Juli 1949

Ich bin mir überhaupt nicht sicher, ob wir den Erechtheum-Garten ganz in Grau und Weiß halten sollen. Er sollte dann das ganze Jahr über schön sein. Das würde Millionen von Ablegern bedeuten, aber ich denke, es würde sich lohnen, und bis 1951 werden sich die Ableger zu richtig großen Pflanzen ausgewachsen haben. Wir werden noch darüber sprechen. 1951 müssen wir zu einem triumphalen Jahr machen.

Dazwischen müht sich Harold immer noch mit seiner Biographie von George V. Vita, der Harold die fertigen Kapitel zum Lesen gibt, versucht, ihm beim Schreiben mit konstruktiver Kritik beizustehen.

Harold
London, 10 Neville Terrace, 17. August 1949

Ich fürchte, dass ich im Augenblick bei George V. ein Tief erlebe. Als fröhlicher Seekadett ist er schon recht. Auch als weiser alter König mag er recht sein. Aber die Zeit dazwischen, während er Herzog von York war und bloß in Sandringham auf die Jagd ging, ist schwer zu meistern oder zu schlucken. Siebzehn Jahre lang hat er nichts getan, als Tiere umzubringen und Briefmarken einzukleben.

Vita
Sissinghurst, 28. September 1949

Liebling, ich habe es sehr genossen, *George V.* zu lesen. Nicht nur, weil es von meinem Lieblingsautor stammt, sondern weil es so kunstvoll geschrieben ist. Ich liebe handwerkliches Können in der Literatur, so wie ich es bei einem guten Zimmermann, Dachdecker oder Maurer schätze. Ich mag gut gemachte Dinge. Nur denke ich, wenn ich als Kritikerin sprechen soll und nicht als Dein Dich verehrender Fan, dass Du ein bisschen zu viel Angst vor dem hast, was Du als einen zu persönlichen Stil ansiehst. Ich weiß, warum Du so vorsichtig bist: es ist die

Flut von eher billig lebendigen Biographien in den letzten Jahren. Darauf reagierst Du, und es ist eine gesunde Reaktion. Denk an Stefan Zweig und seinen *Balzac*:

Da war nichts billig, es gab Stichhaltigkeit genauso wie Glanzpunkte, diese kleinen Glanzlichter, die die Figuren wie bei einem Gemälde von Rembrandt kurz aufleuchten lassen. Du bist vorsichtig geworden, und ich denke, es ist schade, weil Du Deine eigene spezielle Gabe verleugnest.

Vita

Sissinghurst, 24. Juli 1950

Liebster, ich finde wirklich, dass Du Dein Buch sehr gut machst. Weißt Du, manche Teile liegen mir *forcément* nicht sehr, aber Deine Darstellung ist so klar, dass ich Anteil nehme und weiterlesen möchte. Natürlich stürze ich mich voller Entzücken auf die Hadji-Stellen und wünschte nur, dass es deren mehr gäbe. Es ist nicht etwa mein Wunsch, dass Du, wie Du es nennst, frivol schreibst, aber es gibt nur einen Hadji und hundert Historiker. Du hast eine unvergleichliche Art, und ich finde, dass Du diese etwas zu sehr unterdrückst. So würde es etwa der Ernsthaftigkeit des Buchs keinen Abbruch tun, wenn Du über Leute wie Balfour, Lloyd George oder Asquith ein paar beschreibende oder kommentierende Worte einfügtest. Ich finde die Zurückhaltung, die Du Dir auferlegst, ein wenig übertrieben.

Harold
London, 10 Neville Terrace, 25. Juli 1950

Ich weiß, dass Du recht hast, wenn Du meinst, ich sollte mein Buch weniger dokumentarisch und dafür lebendiger machen. Im weiteren Verlauf werde ich gewiss versuchen, lebendigere Schilderungen von Menschen und Örtlichkeiten hineinzubringen. Vielleicht war ich so darum bemüht, aus Stil und Tonart eine glatte Oberfläche zu schaffen, dass ich allzu streng auf Ausschmückung verzichtet habe. Ich bin aber sicher, dass es bei einem Buch dieses Umfangs falsch wäre, wollte ich versuchen, »munter« zu sein. Man muss lediglich intelligent sein. Mir macht das Buch Freude, eine ganz persönliche Freude. Mir gefällt diese Schatzsucherei, wenn ich in Akten wühle. Aber manchmal wird mir klar, dass es mich vier Jahre meines Lebens kosten wird.

Das Buch erscheint 1952. Es wird ein großer Erfolg, und Harold Nicolson wird dafür sogar zum Ritter geschlagen. Sosehr Vita ihren Mann liebt, so sehr hasst sie es, nun als »Lady Nicolson« angesprochen zu werden. Sie bleibt ihr ganzes Leben eine Sackville-West.

Vita leidet zunehmend unter Arthritis und hat mehrere Lungenentzündungen. 1955 erleidet Harold Nicolson zwei leichte Schlaganfälle, von denen er sich zunächst gut erholt.

Harold
London, Albany, 12. Januar 1955

Ich hatte meine Ausschusssitzung in der London Library. Ich fürchte, sie mauscheln ziemlich, und meine Schwerhörigkeit wird immer offenkundiger. Ich würde sehr ungern zurücktreten, doch wird es für die Mitglieder eines Ausschusses lästig, wenn ihr Vorsitzender taub ist. Ach je, wie sich das Alter an einen heranschleicht – schlurf, schlurf, schlapp! Nicht wie ein Flügelwagen, sondern wie ein alter Trödler in Gummistiefeln, die ihm zu groß sind.

In den sechs letzten gemeinsamen Jahren ihres Lebens unternehmen Harold und Vita alljährlich im Winter eine Kreuzfahrt in südliche Regionen. Das Leben an Bord nutzen beide zum ungestörten Schreiben. Wie locker und vertraut sie auch in ihren späten Jahren miteinander umgehen, kann man in Harolds Buch Reise nach Java *nachlesen, worin er ein liebevoll-ironisches Porträt von Vita als exzentrische, streitlustige Lady zeichnet, mit einem Hang zu Souvenirläden und riesigen Mengen von Gepäck, das vorwiegend aus Büchern besteht.*

Harold
London, C.1 Albany, 4. September 1957

Den ganzen Vormittag war ich damit beschäftigt, meine Korrekturen der *Reise nach Java* durchzusehen, und bin nun damit fertig. Sie haben mich in eine Stimmung von blauem Meer und fliegenden Fischen versetzt und haben mir wieder den stillen See voller Glückseligkeit ins Gedächtnis gerufen, den dieses Unternehmen für Dich und mich bedeutet hat. Ich glaube nicht, dass ich mich richtig über Dich lustig gemacht habe, und jeder vernünftige Mensch, der das Tagebuch liest, wird die tiefe Zuneigung entdecken, auf der alles, was ich sage, beruht. (…)

Ich finde natürlich die Abschnitte über die Melancholie am interessantesten, doch mögen andere finden, dass man ein so tiefes Thema nicht vom Liegestuhl aus hätte abhandeln sollen. Immerhin habe ich unsere Mitreisenden nett behandelt. Vielleicht werden manche Leute auf den Gedanken kommen, ich sei vom Rotterdam'schen Lloyd bezahlt worden, um ihre Leistungen anzupreisen. Das stimmt aber nicht.

Harold
London, Albany, 21. August 1957

Heute früh bekam ich so ein schönes kleines Gedicht von Dir über mich, der unter dem Turm mit der Lampe blinkt. Das Leben mag gefährlich sein, aber die Liebe ist allezeit zugegen und steht für jeden von uns wie eine Festung da. Mir tut der Überlebende so leid, weil der einzige Trost die Ursache seines oder ihres Kummers wäre. Ich mag ein Leben ohne Dich einfach nicht ausdenken und verdränge den Gedanken daran kurzerhand, obwohl er manchmal kommt, um mich zu foppen und zu quälen. Aber nicht einmal Robert Browning hat ein so rührendes Gedicht bekommen, und ich halte es hoch in Ehren. Wenn ich etwas sehr tief empfinde, bin ich völlig außerstande, es auszusprechen. Du verstehst das, aber wer wird irgendetwas verstehen, wenn Du nicht mehr da bist? Ich weiß, dass Zuneigung und sogar Liebe mich umgeben werden. Aber das wird nur am Rande sein, während die ganze Mitte des Lebens eine schmerzende Lücke sein wird.

Vita
Sissinghurst, 27. Oktober 1959

Mein einzig geliebter Hadji,
heute Morgen dachte ich, wie schrecklich es wäre, wenn Du stürbest. Ich denke das oft; aber es kam ganz und gar über mich, als ich aus dem Badezimmerfenster schaute und Dich in Deinem blauen Mantel und schwarzen Hut sah, wie Du in das Loch [im Cottage-Garten] starrtest. Es ist dieser plötzliche Anblick eines Menschen, der einem das Herz zusammenkrampfen lässt. Wenn er nicht weiß, dass man ihn beobachtet, sieht er so unschuldig aus wie ein schlafendes Kind, und man hat das Gefühl, als ob man ein geheimes Leben ausspioniert hätte, über das man nichts wissen sollte. (...)

Ich denke oft, dass ich Dir nie gesagt habe, wie sehr ich Dich liebe, und wenn Du stürbest, würde ich mir Vorwürfe machen und sagen: »Warum habe ich es ihm nie gesagt? Warum habe ich es ihm nicht oft genug gesagt?«

Vita
Sissinghurst, 24. November 1959

Du bist wieder weggefahren – in das ganz andere Leben, das Du in London führst. Ein merkwürdiges Leben haben wir für uns beide entwickelt: ich hier und Du in London, und dann wir beide in unserem wirklichen Heim während der Wochenenden, so glücklich und still und tätig. Nur wenige Leute würden das verstehen; ja manche Leute glauben oft, wir ständen kurz vor der Scheidung. Wie unrecht sie haben! Wie unrecht!

Ihr Sohn Nigel schreibt einmal, es komme ihm so vor, als ob »Schwesternschiffe nebeneinander vor Anker gingen (...) Sie vermochten über Erdteile hinweg einander den Puls zu fühlen und ihn genau zu messen. Sie konnten in Long Barn stundenlang zusammensitzen und schweigend lesen und dann plötzlich beide im selben Augenblick sprechen. Diese Übereinstimmung ihrer Empfindungen war so ausdrucksvoll wie eine Berührung oder ein Blick.«

Harold
London, C.1 Albany, 27. April 1961

Ich war beim Akademie-Bankett [Anm.: das Jahresessen der Royal Academy der bildenden Künste] und habe es sehr genossen. Es gab mehrere Reden, doch konnte ich sie nicht hören. Macmillan trug seine Rede sehr gut vor, aber ich konnte kein Wort verstehen. Feldmarschall

Montgomery war da mit seinem Hosenbandorden und viele Freunde, darunter Tom Eliot, Tommy Lascelles, Oliver Esher und so weiter und so weiter. Ich sah, wie Winston ging. Der Präsident nahm seinen einen Arm, ein Lohndiener den anderen, und dann trugen sie den alten Knaben fast die Treppe hinunter. Er ist schrecklich alt. Seine Augen sind erloschen und reglos. Ich sah, wie sein riesiger Kahlkopf die Treppe hinunter verschwand, und schickte ihm meinen Segen nach. »Das werden wir vielleicht nie wiedersehen«, sagte hinter mir eine Stimme.

Vita
Sissinghurst, 19. September 1961

Es ist warm, und ich denke an Dich in London und an den armen Mr Hammarskjöld, der in Katanga gestorben ist, und an all die anderen armen Leute bei der UN, die so verstört und bekümmert sein müssen. Inzwischen gehe ich weiter meinen nichtigen kleinen Verrichtungen nach. Im Obstgarten habe ich 400 Zwiebeln gesteckt (*Fritillaria,* die Du missbilligst, *Narcissus cyklamineus,* die Du gerne magst, *Ornithogalum,* die angeblich verwildern, die ich aber noch nie zum Wachsen gebracht habe, und *Narcissus* ›La Riante‹). Manchmal kommt es mir ziemlich töricht vor, aber Voltaire hat ja richtig gesagt: »*Il faut cultiver notre jardin.*« Es ist wirklich besser, dass ich einen *jardin* geschaffen habe, der uns und anderen Menschen Freude macht, als dass ich hingehe und mich auf den Trafalgar Square setze.[12]

Im Januar 1962 brechen Vita und Harold zu einer einmonatigen Seereise nach Westindien auf. Vita geht es nicht gut. Sie leidet unter chronischer Schwäche und Fieberanfällen. Zurück in London, wird eine fortgeschrittene Krebserkrankung diagnostiziert.

Vita
London, Canonburg Hospital, 27. Februar 1962

Mein einziger Liebling Hadji,
das ist keine schöne Phase, durch die wir hindurchmüssen, aber ich denke, der einzige Weg, es zu bewältigen, liegt darin, zur Kenntnis zu nehmen, dass diese Plagen über einen kommen, wenn man älter wird.

Ich versinke nicht in Selbstmitleid, und ich will kein Langweiler und Anlass zur Sorge sein, und ich habe einen absoluten Horror davor, jemanden damit zu belasten, ganz besonders Dich, mein Liebling, der Du ein Mensch bist, den man auf keinen Fall beunruhigen sollte.

Harold
London, C.1 Albany, 24. Mai 1962

Ich hoffe, es ist Dir recht, wenn Philippa, Niggs und die Kinder am Sonntag zum Lunch kommen. Ich werde dafür sorgen, dass sie Dich nicht zu sehr stören. Ach, mein Liebstes, wie sehne ich den Tag herbei, an dem es Dir wieder bessergeht!

Mir gefällt der Gedanke nicht, dass dieser riesige Hund [Vitas Golden Retriever Glen] Dich wach hält. Er meint es gut, aber weder kann er sich kleiner machen, noch versteht er, wie sich ein Kranker fühlt.

Ich werde zum Tee morgen da sein und bleibe dann eine ganze Woche.

Es sollten die letzten gemeinsamen Tage sein, die ihnen vergönnt sind. Am 2. Juni 1962 stirbt Vita Sackville-West im Alter von siebzig Jahren. Ihr Mann überlebt sie um sechs Jahre. Aber, wie Nigel Nicolson sagte: »In Wirklichkeit starb er mit ihr.« Beim Gedenkgottesdienst, der nach Harolds Tod für ihn und Vita gemeinsam gehalten wird, lassen die Söhne ein Gedicht vortragen, das Vita für Harold Anfang der vierziger Jahre geschrieben hatte:

Ich darf nicht verraten, wie teuer du mir bist.
Es ist unbekannt, ein Geheimnis vor mir selbst,
Die ich's am besten weiß. Selbst wenn ich könnte,
Würde ich den Sinn solchen Geheimnisses nicht enthüllen.

Damals liebte ich dich, als Liebe Frühling war und Mai.
Die Ewigkeit, so meinte ich, ist hier und jetzt;
Der reine und vollkommene Augenblick, kurz erhascht,
Als ich in deinen Armen, aber ein Kind noch, lag.

Liebte dich, als der Sommer in den Juni sich versenkte
Und jene hellen, wilden, idealen Jugendträume
Wahr und doch gefährlich waren, unwirklich fast,
Wie einst, als Endymion den gattenlosen Mond geküsst.

Doch jetzt, da Herbst die Blätter alle gilbt
Und dreißig Jahre unsere lange Liebe reifen ließen,
Wie fest verwurzelt, wie sicher, stark und reich,
Wie voll die Scheuer, die unsere Erntegarben birgt!

ANMERKUNGEN

1 In diesem Prozess ging es um Erbstreitigkeiten nach dem Tod von Scott Seery, einem langjährigen reichen Verehrer von Vitas Mutter, der Lady Victoria bei seinem Tod einen großen Teil seines Vermögens vermacht hatte.

2 Harolds Elternhaus.

3 Padlock, auf Deutsch: Vorhängeschloss, war beider Privatausdruck für »Ehrenwort« oder »unter dem Siegel der Verschwiegenheit«.

4 Generalfeldmarschall Paul von Hindenburg besiegte als Oberbefehlshaber der 8. Armee im August 1914 in der Schlacht von Tannenberg in Ostpreußen die russische Armee.

5 Sir Arthur Nicolson (1849–1928), Vater von Harold Nicolson, Diplomat, war von 1874–76 an der britischen Botschaft in Berlin.

6 Lady Sibyl Colefax hatte als Gastgeberin einen führenden politisch-literarischen Salon in London.

7 Bertrand Arthur William Russell (1872–1970) war Philosoph, Mathematiker und Sozialkritiker. Als weltweit bekannter Aktivist für Frieden und Abrüstung war er eine Leitfigur des Pazifismus.

8 Sir Robert Vansittart war der ständige Sekretär des Auswärtigen Amts, Chefberater der Regierung in diplomatischen Angelegenheiten.

9 Sir Arthur Wing Pinero (1855–1934), britischer Dramatiker. Besonders bekannt als Verfasser erfolgreicher Komödien.

10 Ozzy Beale war Landwirt und Pächter der Schlossfarm in Sissinghurst.

11 Sir Christopher Wren (1632–1723), englischer Architekt. Nach dem großen Brand in London 1666 wurde er zum Generalarchitekten des Wiederaufbaus ernannt. Sein bekanntestes Werk ist St. Paul's Cathedral in London.

12 Am Trafalger Square trafen sich in den sechziger Jahren die Atomwaffengegner zu Klassenstreiks.

EDITORISCHE NOTIZ

Die Briefe in dieser Ausgabe sind bisweilen in einer gekürzten Fassung wiedergegeben. Die volle Länge der Korrespondenz hätte den Rahmen und das Konzept dieses Buchs gesprengt. Aus dramaturgischen Gründen wurde die Chronologie der Briefe nicht immer exakt eingehalten. Die vorliegende Ausgabe konzentriert sich auf die zentralen Inhalte des nie abreißenden Dialogs zwischen Vita Sackville-West und Harold Nicolson und wirft gleichzeitig Schlaglichter auf die wichtigsten Ereignisse und Stationen in ihrem Leben.

DIE AUTORIN

Victoria Mary Sackville-West (1892–1962), genannt Vita, entstammt dem britischen Hochadel und wuchs auf dem Familiensitz Schloss Knole in Kent auf, dem sie mit ihrem Roman *The Edwardians* (*Schloss Chevron*) ein Denkmal setzte. 1913 heiratete sie den Diplomaten und Schriftsteller Harold Nicolson. Das Paar hatte zwei Söhne. 1930 erwarb sie Sissinghurst Castle in Kent, wo sie zusammen mit ihrem Mann einen der schönsten Gärten Englands entwarf und anlegte.

Sie publizierte in ihrem Leben über fünfzig Bücher, darunter Gedichtbände, Biographien und Romane. Außerdem schrieb sie jahrelang eine höchst erfolgreiche Gartenkolumne für den *Observer* und betätigte sich als Reiseschriftstellerin. Berühmt wurde sie auch durch ihre Freundschaft mit Virginia Woolf, für deren Roman *Orlando* sie Inspiration und Vorlage war.

DER AUTOR

Sir Harold George Nicolson (1886–1968) war der jüngere Sohn des Diplomaten Arthur Nicolson. Er besuchte das Balliol College in Oxford, trat selbst 1909 in den diplomatischen Dienst ein und bekleidete verschiedene Posten in Konstantinopel, Teheran und Berlin. 1929 verließ er den diplomatischen Dienst und arbeitete als Journalist und Autor. Er verfasste u.a. Biographien von Verlaine, Tennyson, Byron und dem englischen König George V. sowie Bücher über das Diplomatenleben und essayistische Werke. 1935 zog Nicolson als Abgeordneter der National Labour Party in das Unterhaus ein. 1940 wurde er parlamentarischer Staatssekretär im Informationsministerium in der Regierung von Winston Churchill. 1953 wurde er zum Ritter geschlagen.

DIE HERAUSGEBERIN

Barbara von Becker schloss ihr Studium der Kommunikationswissenschaft, Kunstgeschichte und Soziologie mit einer Promotion über Frauen im Journalismus ab. Sie lebt in Berlin und arbeitet unter anderem für Verlage und Kulturinstitutionen sowie als Literaturkritikerin und Autorin für Tageszeitungen und Rundfunksender.

TEXTNACHWEIS

Für die Originaltexte:

Vita. The Life of Vita Sackville-West by Victoria Glendinning, Weidenfeld and Nicolson, London
© Copyright 1983 by Victoria Glendinning:
Vita: Februar 1917; 17. Dezember 1925; 30. November 1926; 31. März 1941; 8. April 1941
Harold: 8. Januar 1926

Portrait of a Marriage by Nigel Nicolson, Weidenfeld and Nicolson, an imprint of The Orion Publishing Group, London
© Copyright 1973 by Nigel Nicolson:
Vita: 20. Mai 1913; 5. Dezember 1919; 1. Februar 1920; 19. Dezember 1922; 6. Mai 1926
Harold: 9. September 1918; 3. Februar 1920; 7. Mai 1926

Harold Nicolson: Diaries and Letters, William Collins, London 1966–1968.
Für Harold Nicolsons Briefe und Tagebücher:
© William Collins Sons & Co. Ltd., 1966, 1967
Für Vita Sackville-Wests Briefe:
© Sir Harold Nicolson, 1966, 1967
Harold: 25. Juni 1928; 15. März 1929; 24. April 1930; 9. März 1938; 5. August 1938; 15. November 1938; 2. August 1939; 19. Mai 1940; 4. Juni 1940; 17. März 1941; 31. März 1941; 21. Dezember 1944; 15. Juni 1949; 17. August 1949; 25. Juli 1950; 12. Januar 1955; 4. September 1957; 21. August 1957; 27. April 1961; 24. Mai 1962
Vita: 25. Juni 1929; 14. November 1938; 24. August 1939; 23. Mai 1940; 8. Oktober 1940; 2. April 1941; 7. Februar

1945; 24. Juli 1950; 24. November 1959; 19. September 1961

Alle anderen Briefe stammen aus dem Band:
Vita & Harold: The Letters of Vita Sackville-West & Harold Nicolson 1910–1962, edited by Nigel Nicolson. Phoenix, London 1992

Für die Übersetzungen:

Die Übersetzungen der Briefe wurden folgenden Ausgaben entnommen:

Aus: So geheim und vertraut. Virginia Woolf und Vita Sackville-West. Hrsg. von Susanne Amrain. Suhrkamp Verlag, Frankfurt am Main 1994:
Vita: 17. August 1926;
Harold: 17. Dezember 1926

Aus: Victoria Glendinning: Vita Sackville-West. Eine Biographie. Aus dem Englischen von Hans J. Schütz. Frankfurter Verlagsanstalt, Frankfurt am Main 1990:
Vita: 15. Februar 1913 (erster Absatz), Februar 1917; 17. Dezember 1925; 30. November 1926; 31. März 1941; 8. April 1941
Harold: 8. Januar 1926
Virginia Woolf: Zitat auf S. 42 f.

Aus: Harold Nicolson: Tagebücher und Briefe. Band I 1930–1941. Vorwort, Auswahl und Übersetzung aus dem Englischen von Helmut Lindemann. S. Fischer Verlag GmbH, Frankfurt am Main 1969, 1971:
Vita: 25. Juni 1929; 14. November 1938; 24. August 1939; 23. Mai 1940; 8. Oktober 1940; 2. April 1941
Harold: 25. Juni 1928; 15. März 1929; 24. April 1930;

9. März 1938; 5. August 1938; 15. November 1938; 2. August 1939; 19. Mai 1940; 4. Juni 1940; 17. März 1941; 31. März 1941

Aus: Harold Nicolson: Tagebücher und Briefe. Band II 1942–1962. Vorwort, Auswahl und Übersetzung aus dem Englischen von Helmut Lindemann. S. Fischer Verlag GmbH, Frankfurt am Main 1969, 1971:
Vita: 19. Dezember 1944; 7. Februar 1945; 8. Juni 1948; 24. Juli 1950; 24. November 1954; 19. September 1961
Harold: 21. Dezember 1944; 8. Juni 1948; 26. September 1948; 15. Juni 1949; 17. August 1949; 25. Juli 1950; 12. Januar 1955; 4. September 1957; 21. August 1957; 27. April 1961; 24. Mai 1962

Aus: Nigel Nicolson: Porträt einer Ehe. Harold Nicolson und Vita Sackville-West. Copyright für die deutsche Übersetzung von Peter de Mendelssohn © 1974 by Kindler Verlag GmbH, München:
Vita: 20. Mai 1913; 5. Dezember 1919; 1. Februar 1920; 19. Dezember 1922; 6. Mai 1926
Harold: 9. September 1918; 3. Februar 1920; 7. Mai 1926;
Nigel Nicholson: Zitate auf S. 110, 113
Das Gedicht auf S. 113 wurde ebenfalls diesem Band entnommen.

Alle anderen Briefe wurden von Barbara von Becker übersetzt und stammen aus:
Nigel Nicolson: The Letters of Vita Sackville-West & Harold Nicolson 1910–1962, edited by Nigel Nicholson. Phoenix, London 1992